LA FAUTE DES JUIFS

Réponse à ceux qui nous écrivent tant

Du même auteur

Romans

Au chic ouvrier, Hallier/Albin Michel.
Les bouches se ferment, Albin Michel.
Les Amoureux de la Veuve, Olivier Orban.
Au nouveau chic ouvrier, Grasset.
Candide 2, le retour, Flammarion.

Polars (signés Konop)

Pas de kaddish pour Sylberstein, Gallimard, Série noire.
Poulet casher, Gallimard, Série noire.

Essais et documents

La Momie de Lénine, Garnier.
La Place de la Nation, Olivier Orban.
L'Amour de la politique, Grasset.
L'âge démocratique, Grasset.
La France du Tiercé, La Manufacture.
Chante, petit coq, chante, Grasset.
Les Filières noires, Denoël.
Manuel de survie au front, Mille et une nuits.
Le jour où Haider..., Éditions du Rocher.
Pour en finir avec la France éternelle, Grasset.

Pamphlets

Vive le centenaire du PCF, Hallier/Albin Michel.
Réflexion sur la question goy (avec Brice Couturier), Lieu Commun.
Loto-satisfaction, Régine Desforges.
Éloge de la fourrure, collection Point virgule.

Guy Konopnicki

LA FAUTE DES JUIFS

Réponse à ceux qui nous écrivent tant

Éditions Balland

33, rue Saint-André-des-Arts
75006 Paris

Pour Anne-Paule,
qui sera toujours
ma Kala de Jérusalem

Avant-propos

Les juifs sont certainement de grands coupables puisque l'on ne cesse de les interpeller en leur demandant de répondre des péchés d'Israël, ou, du moins, de l'État d'Israël. On leur écrit, on les apostrophe. Ne voient-ils pas monter les périls ? Qu'attendent-ils donc pour désamorcer ces explosifs placés un peu partout sur la planète et dont le détonateur se trouverait au Proche-Orient ?

D'étranges manières de penser s'imposent. On cherche la raison là où elle ne se trouve plus, dans la cervelle embrumée des terroristes. On imagine que si des hommes peuvent précipiter des avions, avec leurs passagers, sur les tours de New York, c'est qu'il y a une cause pour justifier le crime et le sacrifice. La racine du mal serait donc ce conflit que l'on croyait en voie de résolution, cette guerre où il est si facile de distinguer les bons des méchants.

Il arrive même que les lettres adressées aux juifs prennent la forme d'une mise en garde. En se montrant trop solidaires d'Israël, ils se mettraient en péril et risqueraient de perdre la sympathie que leur vaut leurs souffrances passées.

Un peu plus d'un an après la relance du conflit, j'éprouve donc le besoin d'apporter quelques réponses à ceux qui nous écrivent tant. J'emploie ce nous qui me pèse, je l'emploie très volontairement. Il serait trop commode de dire que je ne me sens pas responsable pour Israël et son gouvernement. Je ne crois pas que ce gouvernement soit toujours juste. Je ne l'ai pas élu, je ne vote pas à Jérusalem mais dans la huitième circonscription du département des Hauts-de-Seine. Mais je ne crois pas, non plus, que tout le mal puisse venir d'un seul État, d'un seul gouvernement et, moins encore, d'un seul homme, dont on répète le nom comme s'il s'agissait du diable lui-même.

L'islamisme radical a-t-il déjà réussi à nous persuader qu'il y a, de par le monde, un satan dont il faut se débarrasser pour retrouver la paix et l'harmonie universelle ? C'est le propre des forces irrationnelles que de faire vaciller la raison.

Je sais bien que c'est impardonnable, mais si je tente ici d'apporter quelques réponses aux accusations dont on nous charge, c'est que je ne puis quant à moi me départir d'une inquiétude transmise de génération en génération, quand on déclare les juifs coupables.

1

L'affaire du courrier de Sion

La lettre aux juifs est en passe de devenir un genre littéraire.

Ce procédé, de plus en plus répandu, dont le créateur ne fut pas Ibrahim Sousse, premier représentant de l'OLP à Paris, mais un certain Paul, se présente sous forme de supplique destinée à ramener les juifs à leurs propres principes. Au moins Paul et les premiers chrétiens montraient-ils une connaissance réelle des principes en question, eux qui entendaient refonder la religion des juifs ! Les épistoliers d'aujourd'hui se réfèrent à l'histoire récente, à un judaïsme persécuté qu'ils auraient tant voulu sauver s'ils n'étaient nés trop tard.

On n'écrit plus « aux juifs », dans l'espoir de les convertir, mais à un ami juif, à qui l'on s'efforce de démontrer qu'Israël est un grand coupable.

Étrange adresse qui rappelle les précautions oratoires prises, en fin de repas, dans les bonnes familles, entre le pousse-café et les propos antisémites les plus vulgaires.

Air connu : je ne suis pas antisémite, et d'ailleurs, j'ai un ami juif, je n'ai pas à m'en plaindre puisque, fort heureusement, il n'a jamais été question d'argent entre nous. Le propos connaît une variante, histoire oblige : il faut bien reconnaître que les juifs ont beaucoup souffert, on leur accordera toute la compassion du monde en tant que peuple d'Auschwitz, et, au nom de cette compassion, on sera en droit de leur dire en quoi ils sont un peuple décevant. Au besoin, on leur rappellera, à ces ingrats, que l'on appartient à une famille qui a sauvé des juifs sous l'Occupation.

Et l'on s'étonnera de les retrouver insensibles aux nouvelles vérités d'évangile. Ils sont, décidément, incorrigibles, ces juifs qui refusent de croire au dogme de la culpabilité d'Israël !

On est toujours l'ami juif de quelqu'un, ce qui nous vaut du courrier public et me vaut, aussi, du courrier personnel, trouvé dans ma boîte, parmi les factures que l'on y dépose habituellement lorsque je suis en voyage. La lettre était attachée à une carte postale représentant un paysage corse, celui que l'on voit depuis la jolie maison que possède ma correspondante et amie. N'est-ce pas l'endroit idéal pour méditer sur la dégradation de quelques évidences des années soixante quant au colonialisme et à la lutte des peuples ?

Cependant, sur les feuillets collés à la carte, il y avait une manière de me signifier le solde de tout compte d'une vieille amitié !

Une amitié nouée, pourtant, autour de quelques idées comme l'évidence de l'universel et la certitude que les clivages nationaux ou ethniques ne pouvaient exister entre nous. Me voici donc suspect, parce que juif, de manquer de compassion envers les enfants de Palestine.

L'écriture a tracé une frontière. Par ces quelques mots Salima est devenue « arabe », et je suis donc un ami problématique, un ami juif qui pourrait même se révéler légèrement sioniste !

Je n'ai pas trouvé la force de répondre à une « amie arabe » : je n'ai jamais mis de qualificatif ethnique à l'amitié. Je suis toujours surpris dès que l'on se targue d'avoir des amis juifs. Tout comme je le suis, plus encore, lorsque des gens, généralement originaires d'Afrique du Nord, se vantent de les connaître, les Arabes !

Non, Salima n'est pas une exception, une Arabe perdue au milieu de mes amis. Pour qui a toujours vécu à Paris, formidable cité cosmopolite, comme le sont, désormais, la plupart des grandes villes de France et d'Europe, ces distinctions sont absurdes. Parisien de toujours, je me suis nourri de toutes les cuisines... Je suis un Berbère de Ménilmontant, un Chinois de Belleville, je deviens japonais à la vue d'un plateau de sashimis, mais l'Amérique me pardonne avec un Bourbon du Kentucky... J'avoue, je ne suis pas seulement juif, je suis ouvertement, résolument cosmopolite, j'ai dû chanter cela de toutes les manières, mais la répétition de l'histoire ne me laisse de choix qu'entre silence et radotage !

Salima est une Parisienne au même titre que moi, et il faut une guerre assez éloignée de nos boulevards des Maréchaux pour dresser entre nous des lignes de front.

Ce n'est, certes pas, la première fois que cette maudite guerre me sépare de quelques amis. Cependant, autrefois, il s'agissait d'idéologie, on se brouillait avec des gauchistes intransigeants ou avec des communistes à jamais persuadés qu'en tous lieux, pour localiser le mal, il suffisait de chercher l'allié de l'impérialisme américain.

Je croyais ce temps révolu et, depuis une image fameuse, celle d'Arafat et de Rabin se donnant une accolade fraternelle de vieux guerriers, j'avais le sentiment que de nouvelles relations s'établissaient entre les cultures juive et musulmane.

Cette détente-là en suivait une autre, la guerre froide venait tout juste d'être enterrée sous les gravas du mur de Berlin. Nous pouvions rêver d'un nouveau monde et imaginer que les guerres nationales étaient l'apanage des petits peuples trop longtemps étouffés par le communisme. Les Israéliens et les Palestiniens pouvaient, eux, donner au monde une leçon de paix et de tolérance !

Faut-il que je pense à cette époque, comme s'il s'agissait de l'avant-guerre, faut-il que je songe à mes amis arabes, comme si nos amitiés appartenaient au passé ? Ne pourrions-nous pas, au moins, tenter de dialoguer, en refusant la séparation, comme le faisaient Stefan Zweig et Romain Rolland pendant la Grande Guerre ?

Me voici, donc, sommé de payer la facture de mes engagements politiques au prix du reniement de ce que je suis.

Or, je ne me sens aucune disposition pour le rôle du bon juif, celui qui se rend respectable en sachant, à tout moment, condamner Israël. Comme on les aime, ces juifs-là, quand à leur tour ils écrivent... des lettres aux juifs pour les inviter à se démarquer, à reconnaître que les torts sont du côté d'Israël.

Malheureusement, je suis aussi, si je puis permettre, un individu ayant acquis une certaine connaissance de la politique et qui, de ce fait, se méfie des lectures unilatérales et simplistes.

Il y a longtemps que j'ai rayé le mot inconditionnel de mon dictionnaire. Je ne me suis jamais privé de critiquer les gouvernements israéliens, et il se trouve que, là-bas, mes proches, mes amis, sont des combattants de la paix et même, figurez-vous, de la laïcité. Cependant, quand je refuse d'approuver la stratégie de Yasser Arafat et la manière d'agir des organisations palestiniennes, je passe aussitôt pour un inconditionnel d'Israël et donc de ses dirigeants !

Les lettres que nous recevons parlent, toujours, des juifs en général, comme s'il s'agissait d'un bloc homogène, unissant dans le mal Yitzhak Rabin et son assassin. Par effet de symétrie, tout Palestinien devient, par essence, l'incarnation de la justice, qu'il soit partisan de la paix ou du terrorisme, puisqu'il est celui qui souffre. Comme ce Palestinien souffre, par les juifs, sur la Terre sainte, on comprend que ses défenseurs le confondent avec un autre.

Or, je ne crois plus, depuis longtemps, que la souffrance d'un peuple suffise à le rendre porteur de justice. Cela vaut, d'ailleurs, pour les juifs comme pour les Palestiniens. Puisque l'on nous répète, à longueur de lettres, que la Shoah ne saurait justifier les injustices commises par Israël, ce qui est exact, on devrait pouvoir imaginer, aussi, que les souffrances, réelles, des Palestiniens ne justifient ni les fautes politiques de leurs dirigeants, ni, surtout, le recours au principe du martyr, du sacrifié.

Les dirigeants palestiniens ont choisi une stratégie, ils font du martyr un spectacle, ils envoient les enfants à la mort et l'opinion occidentale s'émeut à la vue de ces victimes innocentes. Les dirigeants palestiniens sont à la guerre ce que les pédophiles sont à l'amour.

Et, surtout, que l'on ne vienne pas nous dire qu'en tant que Français, en tant qu'Occidentaux, nous ne pouvons comprendre la spécificité orientale de cette culture du sacrifice. Car c'est bien à la culture de l'Occident judéo-chrétien que le sacrifice s'adresse.

Celui des enfants, comme celui des terroristes ! On veut nous persuader que si des hommes choisissent le martyr, c'est qu'au-delà des fautes et des injustices, d'autres portent en eux le péché.

Les terroristes ne sont pas les seuls à penser que les États-Unis et Israël portent en eux la faute originelle.

Depuis le 11 septembre 2001, des océans d'encre se sont répandus dans les journaux, déplaçant la compassion vers les peuples martyrs que les islamistes prétendent représenter.

Le crime, ce n'était donc pas la destruction du World Trade Center, le massacre de quelques milliers d'employés, golden boys ou femmes de ménage mexicaines, le crime c'était l'existence d'un centre mondial de la finance ! Les Américains ont en commun avec les juifs de ne pouvoir revendiquer leur innocence.

Oh... nos évangélistes, qui n'ont de cesse de dénoncer les effets maléfiques de la puissance financière des États-Unis, n'aperçoivent même pas les étranges résonances de leur discours ! Pressés de débusquer les secrets de la domination américaine, ils flairent la présence d'un ordre financier obéissant à des règles occultes et ils ressassent, parfois à leur insu, les vieilles litanies de l'antisémitisme. Et si certains se contentent de transférer la haine du juif vers l'Américain, d'autres ne se privent pas de mêler l'un et l'autre.

Ce n'est pas la plus anodine des convergences du tiers-mondisme dégénéré, de l'islamisme et des anciens fascismes européens que cette obsession d'un pouvoir mondial où l'on retrouverait la main crochue du juif sous la puissance américaine.

Puisque les peuples pauvres sont victimes d'un complot mondial, on comprendra donc, même avec quelques regrets pour les victimes, qu'ils se défendent par le sacrifice.

Et cet « anti-impérialisme », cet « antimondialisme », bardé de phraséologie, passe pour une nouvelle culture de gauche.

On me permettra de lui préférer l'ancienne... celle de la révolte contre le sacrifice !

À Craonne, des soldats français ont refusé d'obéir aveuglément à un ordre, ils n'étaient pas si rouges qu'on le croit, ils voulaient bien combattre pour la patrie, mais ils n'acceptaient pas de se suicider ! Je ne vois pas au nom de quoi je devrais admirer ces responsables palestiniens qui envoient, sur les lignes de Tsahal, des vagues d'enfants, comme les officiers français de 1914 envoyaient des vagues d'hommes, à peine plus âgés d'ailleurs, sur les mitrailleuses allemandes.

Au nom de la lutte des peuples, on nous sert une vieille soupe moraliste qui emprunte au christianisme son culte du martyr et son aversion pour la société du plaisir, du confort matériel et de l'argent.

C'est à qui portera le mieux sa culpabilité d'intellectuel des pays riches. On extermine, en un instant, quelques milliers de New-Yorkais ? Danielle Sallenave s'empresse aussitôt de rappeler, dans *Marianne*, que les États-Unis se sont bâtis sur le massacre des Indiens ! On peut bien les tuer, ces Américains, illégitimes sur les bords de l'Hudson

River. Et d'ajouter, bien sûr, que l'on a traité les Palestiniens de la même manière que les Indiens, en donnant « leur » terre à un autre peuple. On n'accusera pas les juifs de s'être rendus coupables de génocide, on fera seulement remarquer qu'ils se sont rendus maîtres d'une terre qui ne leur appartenait pas, en usant d'une négation pernicieuse du droit des autres, ce qui est bien dans leur nature. Nous devrions donc distinguer, en chaque pays, les habitants légitimes des populations trop récemment installées !

Après ça, il nous reste à espérer qu'un émule de Ben Laden se jette sur la ville de Béziers ! Nous n'aurions pas besoin de pleurer les victimes d'aujourd'hui, puisque les véritables habitants de Béziers ont été massacrés par Simon de Montfort. Un précurseur ! « Tuez les tous, Dieu reconnaîtra les siens », cela ressemble à une fatwah.

Chez nombre d'intellectuels, la culpabilité tient lieu de politique.

Cela rend aveugle, nous savons ça depuis Œdipe ! Ils ne voient plus le présent. Quand on évoque les Indiens à propos du World Trade Center, on ne veut rien savoir de ceux qui se trouvent sous les décombres.

Tant qu'à évoquer l'histoire et la destinée, on pouvait aussi songer à ces Noirs américains, descendants d'esclaves, qui travaillaient dans les tours. Et qui connaît New York sait qu'ils n'étaient pas tous garçons d'ascenseur. Mais pour nos défenseurs des peuples du Sud, ces Noirs-là n'ont plus d'importance, ils sont américains et intégrés. Ils ne sont donc même plus noirs. De la même manière, on préférera se souvenir des Indiens tués deux siècles plutôt que de ces Mexicaines de sang indien assassinées sur leur lieu de travail. On feindra de croire que les employés des Twin Towers étaient les soldats du général

Custer et non les petits-enfants des émigrants misérables débarqués à Ellis Island.

Ce manque d'humanité est proprement écœurant. On peut donc jeter des anges exterminateurs sur des milliers de femmes et d'hommes. Ils n'étaient rien puisqu'ils travaillaient au World Trade Center ou, pire encore, au Pentagone.

Dans *Le Monde*, Marie-José Mondzain s'inquiétait non tant de l'horreur, mais de son usage : « À qui profite le crime ? Aux Palestiniens ? Certainement pas, Sharon a désormais les mains libres »... Quelques jours plus tard, George W. Bush s'engageait dans la lutte contre le terrorisme, en recherchant l'alliance de l'Arabie Saoudite, mécène du FIS algérien et du Hamas palestinien. Non seulement Sharon n'avait pas les mains libres, mais, au nom de cette sainte alliance, il était désavoué par les Américains.

Une étrange mélasse intellectuelle tient lieu de critique sociale. On répète des mots synonymes d'horreur : la mondialisation, l'impérialisme, Israël, McDonald's, le cinéma américain, Mickey, Bush, Rambo, les OGM et Ariel Sharon.

On imagine que tout cela forme un ensemble assez insupportable pour que les peuples pauvres se réfugient dans l'islam.

Bien des proclamations résonnent comme autant d'adresses aux terroristes : ne nous confondez pas, nous ne sommes pas d'affreux exploiteurs, nous ne sommes pas américains, nous ne vivons pas dans l'hémisphère Nord. Aussi, s'inquiète-t-on quand Michel Houellebecq s'en prend au Coran. N'est-ce pas dangereux pour nous tous ? Ce Houellebecq serait bien capable d'attirer une fatwah sur Saint-Germain des Prés !

Rassurons-nous... On ne court pourtant pas grand risque quand la réduction de l'histoire à l'angoisse existentielle du cadre moyen passe pour une extension du domaine de la lutte. Mais il semble bien que pour s'autoriser quelques considérations sur le tiers monde, l'Islam et la Bible, il soit nécessaire de visiter quelque bordel de Thaïlande.

La provocation répond au désastre d'une pensée qui s'accommode de l'obscurantisme islamique parce qu'elle n'a d'autre ennemi que le système qui lui procure sa liberté et son confort, c'est-à-dire la démocratie européenne et américaine.

Quand on ne nous assène pas de vieilles lunes anti-impérialistes, on nous démontre que l'affrontement du Nord et du Sud se mesure à l'aune de la fatigue sexuelle d'un auteur, érigée, si l'on peut dire, en vérité universelle. Chez Houellebecq, la chair est triste et, hélas, j'ai lu tous ses livres. Mais si tant de colonnes et d'antennes lui sont ouvertes, c'est qu'il exprime, à merveille, cette culpabilité confinant à l'impuissance que bien d'autres partagent.

À force de tant penser aux pauvres, nos auteurs auront bientôt dépassé le seuil de pauvreté de la pensée.

On appellera ça de l'arrogance, mais je ne me sens pas coupable...

Je pourrais l'être à bien des titres, étant juif, français, parisien, européen, soit au moins quatre manières d'appartenir à l'hémisphère Nord. J'en ajoute même une cinquième, celle d'un passionné de cinéma américain, d'un fou de jazz, d'un lecteur de polars, de science-fiction et de romans qui ne supporte plus que l'on présente les « Américains » comme un ramassis de crétins gavé de

McDo et d'images débiles. Il m'est impossible de me sentir proche d'un fanatique débitant les préjugés d'une religion rétrograde, dont les adeptes brûlent les cinémas et interdisent la musique.

Cependant, je me sens d'autant moins coupable, pour Israël comme pour les avanies diverses que le Nord fait subir au Sud, que j'ai passé le plus clair de ma vie à batailler pour toutes ces nobles causes que l'on nous envoie élégamment à la figure dans les diverses lettres aux amis juifs.

Je ne suis pas si vieux que ça, mais cela fera quarante ans, en février 2002, que je me suis engagé en politique, ce qui m'autorise à penser deux ou trois choses, à propos d'Israël, des Palestiniens et des contradictions de la planète.

Je n'avais pas quatorze ans, la guerre d'Algérie touchait à sa fin, les bombes de l'OAS explosaient jusque dans Paris. Je n'avais pas quatorze ans et, pour cette raison, mes parents m'interdisaient de me rendre à des manifestations qu'ils approuvaient pourtant.

Sur place, le service d'ordre faisait tout pour nous dissuader de jouer les Gavroche. Dans une de ces manifs, la police commandée par Maurice Papon avait assassiné des militants communistes qui manifestaient contre les ultras du colonialisme.

Parmi ces militants, il y avait une jeune juive, qui, par miracle, avait échappé à la rafle du Vél d'Hiv et qui s'était retrouvée, orpheline, dans une maison d'enfants dirigée par des juifs communistes. Il me semblait naturel de poursuivre le combat de cette camarade tombée au métro

Charonne le 8 février 1962, alors qu'elle manifestait sa solidarité envers le peuple algérien. C'est ainsi que je suis entré en politique, un peu trop tôt pour m'épargner quelques bêtises, je le confesse volontiers.

En ce temps-là, les jeunes juifs de Paris s'engageaient radicalement contre le colonialisme français et son armée de tortionnaires. J'étais pressé de les imiter, de les suivre dans ces manifs où l'on conspuait le général Salan.

Je ne regrette rien, mais le monde a quelque peu changé depuis cette époque... L'Algérie est indépendante et ses militaires emploient les méthodes des paras français, ils pacifient à leur façon la Kabylie, ils bouclent Alger, patrouillent dans la Casbah et trouvent naturel de pratiquer la torture. La répression a essentiellement frappé les démocrates et, en dépit de la brutalité de ses méthodes, l'armée algérienne n'a pas éradiqué la terreur islamique. Le FIS et les GIA ont fait bien plus de ravages que l'OAS d'autrefois. Quant aux dirigeants algériens, civils et militaires, bureaucrates corrompus du FLN et nouveaux riches, ils ont pillé le pays sans plus de vergogne que le colonialisme français.

Et pourtant, quand une amie algérienne m'écrit, à moi, son ami juif, c'est pour me parler de la Palestine. Je vais en parler, que l'on se rassure, je ne cherche pas à faire diversion... Mais... Les enfants, les adolescents, que l'on tue en Kabylie ou dans la Mitidja me semblent aussi importants que ceux de Gaza et de Jérusalem. On tient à jour le compte des Palestiniens tombés depuis le début de la nouvelle Intifada. On ne tient pas celui des Algériens victimes des GIA, ni celui des manifestants assassinés par la police de Bouteflika. On a tué plus de musulmans en

Algérie qu'en Palestine, mais leurs assassins sont d'autres musulmans.

Je sais bien que les Palestiniens se battent pour conquérir des libertés, celles que les Tunisiens ont perdues sous Ben Ali et que les Algériens n'ont jamais vraiment connues, bien qu'ils aient un peu plus de possibilités d'expression que leurs frères arabes de Syrie, d'Irak ou d'Arabie Saoudite.

Je reconnais bien volontiers que toute discrimination est intolérable. Il est donc naturel de défendre les droits des Palestiniens. Mais ne faudrait-il pas penser aussi, parfois, aux Noirs animistes et chrétiens persécutés, affamés et assassinés par la République islamique du Soudan ? Et l'on peut ajouter les Coptes d'Égypte victimes de la terreur, les Kurdes d'Irak, de Syrie, d'Iran et de Turquie ! Pourquoi ne s'intéresse-t-on pas au sort des immigrés philippins, exploités et privés de tous droits en Arabie Saoudite et dans les Émirats ?

Je comprends l'indignation de mes amis arabes quand, à Jérusalem-Est, on ferme la Maison de l'Orient. C'est un peu comme si l'on fermait le siège d'un parti d'opposition à Damas, à Bagdad, à Tripoli ou même à Ryad. Ces régimes-là, au moins, ne risquent pas d'interdire ce qu'ils n'ont jamais autorisé ! Sait-on d'ailleurs que certains mouvements palestiniens publient leurs revues à Jérusalem-Est, juridiquement sous contrôle israélien, afin de contourner la censure que l'Autorité palestinienne s'est empressée d'établir à Gaza ?

Mon amie algérienne sait tout cela : elle préfère vivre en France, parce qu'elle n'est ni vraiment musulmane, ni d'ailleurs arabe, parce qu'en tant que femme et en tant qu'intellectuelle elle se trouve tout de même mieux à Paris qu'à Blida !

Pourtant, elle m'écrit, au nom de ce qui lui semble être la situation la plus intolérable jamais endurée par un peuple arabe...

Puisque je suis juif, il me faut, donc, répondre pour Israël.

Je ne me sens pas de vocation prophétique, je ne puis dans ces conditions répondre au nom des juifs en général.

Mais je suis juif et, pourtant, je me suis toujours trouvé en première ligne des combats, chaque fois qu'il fallait défendre des Arabes ou des musulmans.

Je n'étais pas le dernier, ni même un des premiers, mais, excusez du peu, le premier à s'être inquiété, à la fin des années soixante-dix, de l'utilisation politique d'un racisme anti-immigré et donc essentiellement anti-arabe. Racisme alors agité non par l'extrême droite mais par un étrange produit de la décomposition du communisme stalinien, un certain Georges Marchais.

Je suis aussi l'un des rares journalistes qui semble avoir enquêté sérieusement sur le Front national, j'ai milité pour l'égalité des droits des jeunes Arabes de nos banlieues, participé à la création de SOS-Racisme, défendu successivement la révolte des Afghans contre l'invasion soviétique et les combats des musulmans de Bosnie assiégés dans Sarajevo.

Et ce n'est pas tout : j'ai aussi fait partie de tous les comités possibles et imaginables qui tentaient, bien avant Oslo, de promouvoir le dialogue israélo-palestinien. Lors des massacres de Sabra et Chatila, j'étais l'un des organisateurs de la manifestation des juifs, qui, devant l'ambassade d'Israël à Paris, demandaient que le général Sharon soit jugé – dans son pays – pour s'être rendu complice de ce crime perpétré par les phalangistes libanais.

Nous n'avions pas la naïveté d'exiger alors que le chef de ces phalangistes, Elie Hobeika, soit également jugé en son pays, puisque le Liban se trouvait ravagé par la guerre civile.

Depuis, la Syrie a pacifié le Liban, Elie Hobeika, l'assassin de Sabra et Chatila, a été ministre et il est toujours député. L'impunité du criminel ne blanchit, certes pas, son complice. Cependant, l'opinion mondiale ne connaît que Sharon, qui n'est pas ange, c'est certain.

En temps de guerre, la justice n'est belle ni d'un côté ni de l'autre. On peut toujours reprocher à Israël l'impunité de Sharon et aux Palestiniens leur justice expéditive. Le fait est qu'en dépit des conclusions de la justice israélienne, Ariel Sharon a été élu Premier ministre.

Cependant, la guerre n'est pas la conséquence de l'élection d'Ariel Sharon, elle en est la cause.

À Camp David et à Taba, Ehoud Barak avait accepté un plan de paix qui satisfaisait l'essentiel des revendications palestiniennes : un État, avec pour capitale Al Qod. Mais Yasser Arafat a refusé tout compromis et il a exigé le droit au retour en Israël des descendants des réfugiés de 1947-1948. On peut tout demander dans une négociation, surtout quand on a en face de soi le seul pays dans l'histoire qui, vainqueur de quatre guerres, a restitué aux vaincus les territoires conquis. Mais ce jour-là, Yasser Arafat a demandé à Israël de se saborder. Les électeurs israéliens ont répondu en votant Sharon. C'est un choix regrettable.

Mais le général Rabin ne faisait pas de cadeau quand

il réprimait l'Intifada, pas plus que le général Ehoud Barak, chef d'état-major de Tsahal, sous le gouvernement d'Yitzhak Shamir.

La paix ne pourra triompher que s'il y a, de part et d'autre, un consensus. Il faudra donc que la droite israélienne l'accepte, en même temps que les plus durs des terroristes palestiniens.

Au demeurant, lorsque Sharon baroudait au Liban, Yasser Arafat et les autres dirigeants n'étaient pas plus regardants sur les méthodes. Ils avaient organisé des attentats, visant, toujours, des civils israéliens, quand ce n'étaient pas des juifs de la diaspora.

Aujourd'hui encore, je demeure partisan d'une paix équitable et donc de la création d'un État palestinien à côté de l'État d'Israël.

À côté de, et non à la place de... c'est toute la question...

À tous les moments du conflit, depuis un demi-siècle, des voix pacifiques ou simplement raisonnables se sont élevées en Israël. Elles ont toujours été plus rares du côté palestinien et le temps n'est pas si loin où tout pacifiste était, dans le monde arabe, un homme mort.

À l'époque du terrorisme le plus implacable, un Palestinien, Issam Sartaoui, était venu à Paris, à l'invitation de Pierre Mendès France, pour dialoguer avec Matti Peled, général israélien et néanmoins militant de la paix. Issam Sartaoui a été assassiné le lendemain. Comme Sadate, et, par la folie de quelques juifs jaloux de l'hystérie meurtrière de leurs ennemis, comme Rabin. Sans parler des dizaines de notables palestiniens, assassinés en Cisjordanie, parce qu'ils recherchaient le dialogue.

Pourtant, à Paris, un dogme domine, chez nombre d'intellectuels français, de responsables politiques et de journalistes, par lequel Israël incarne le mal et les Palestiniens le bien, au point d'être les martyrs emblématiques de la planète.

Tout juif, ou supposé tel, qui tente d'exprimer un point de vue nuancé se voit, par avance, renvoyé au sionisme, terme que l'on charge d'un sens criminel.

En ce qui me concerne, je ne suis pas sioniste. Je ne crois pas que l'on puisse être sioniste en France, dans un pays où chacun est libre de partir accomplir son destin. Et puis, je suis tellement français, par la naissance et la langue, par le mode de vie et la culture, que je n'éprouve nullement le besoin de chercher une autre patrie.

Israël n'est pas une compagnie d'assurance, un refuge au cas où les choses tourneraient mal pour les juifs de France. Ce n'est pas, non plus, un centre de redressement pour jeunes feujs en difficulté dans les banlieues que l'on expédie dans quelque colonie pour qu'ils cessent de faire le désespoir de leurs mères. Je comprends qu'un juif se sente sioniste, mais en ce cas, il faut choisir et devenir israélien.

Donc, je suis un juif français, non pas un Français « d'origine juive », mais bien un Français, attaché à l'esprit des Lumières et à la République. Et même un voltairien, persuadé que l'on ne fera pas la paix sans écraser l'infâme.

C'est, aussi, pour cette raison que je n'accepte pas de voir la raison française vaciller quand il s'agit d'Israël, de la Palestine et du Proche-Orient.

Dans une lettre à un ami juif, une de plus, parue dans *Le Monde* en août 2001, Pascal Boniface, spécialiste des questions stratégiques et membre du PS, parti au pouvoir, évoquait le risque que prenaient les juifs de France en soutenant Israël.

Ils risquaient d'être marginalisés, puisque la communauté musulmane peut désormais représenter une force électorale supérieure à celle des juifs !

Je ne savais pas que la politique de la France s'élaborait en fonction du poids respectif de la synagogue et de la mosquée. Je pensais, jusque-là, qu'il y avait des principes, des idées, des doctrines et bien sûr des intérêts français, parfaitement légitimes. Mais voici qu'un socialiste décrit une guerre électorale, qui non seulement transposerait, en France, celle du Proche-Orient, mais qui, de surcroît, reproduirait le rapport de forces entre Israël et ses voisins ! On serait tenté de répondre qu'en pareille situation, les juifs sont bien capables de gagner. Mais comme citoyen français, je ne suis pas en guerre avec mes compatriotes musulmans ! Je suis atterré, quand on conspue cette *Marseillaise* que j'ai chantée, au milieu d'une foule de beurs, quand Zidane et quelques autres nous ont apporté une si belle victoire. La France, c'est précisément ce pays où, en dépit des difficultés, du racisme, nous vivons ensemble sans distinction d'aucune sorte. Je ne peux pas me passer de mon épicier marocain, de mes compagnons de PMU, ni, surtout, de mes amis que, encore une fois je me refuse à cataloguer, à classer par nationalité, race, religion et je ne sais quoi encore !

Il y a une guerre, là-bas, ailleurs, entre Israël et Palestine. J'admets que comme juif je me sens plus concerné que d'autres.

J'admets, aussi, que le rapport entretenu par les juifs de

toutes nationalités avec Israël peut sembler incompréhensible et même irritant. Question d'histoire, de culture. Nos familles ont erré sur les routes d'Europe, elles ont fui, elles ont été décimées et, à toutes les époques, elles ont rêvé de Jérusalem et fait le serment de restaurer sa splendeur. Nous ne pouvons demeurer impassibles, indifférents, quand on nous parle de l'État Juif comme d'un monstre dépourvu de légitimité.

J'emploie ce « nous », à propos des juifs, parce que « nous » sommes interpellés comme tels. Kafka n'est jamais bien loin : comme dans *Le Procès*, nous pouvons craindre d'avoir vraiment commis quelque chose de terrible, puisque l'on vient nous accuser.

Alors, oui, je veux répondre à ceux qui m'écrivent, à ceux qui, publiquement, prennent à partie les juifs, à ceux, plus nombreux encore, qui nous assènent de fausses évidences et font d'Israël le coupable absolu, le responsable secret de tous les maux de la planète. Tant pis si cela passe pour de l'arrogance et si l'on me reproche encore de défendre cet insupportable petit peuple d'élite, sûr de lui-même et dominateur.

2

Les Palestiniens stars et martyrs

La crispation des polémiques est à la mesure d'une déception historique. Il n'est pourtant pas certain que tous nos correspondants aient partagé mon enthousiasme lors de la rencontre de Washington. On a tout de même lu, à ce moment-là, quelques critiques du compromis accepté par Yasser Arafat. Les paix sont moins populaires que les guerres. Celle-ci était accueillie avec scepticisme. La précédente, celle d'Anouar el-Sadate et Menahem Begin, avait, en son temps, soulevé des protestations à gauche et à l'extrême gauche. J'ose donc espérer que ceux qui, aujourd'hui, protestent contre l'attitude d'Israël partagent mon dépit d'avoir vu s'effondrer l'espérance de la paix. Double dépit, puisqu'il faut aussi constater qu'un gouvernement situé plus à droite que celui d'Ariel Sharon a réussi à établir une paix durable avec l'Égypte, quand le processus initié par les travaillistes a échoué.

Depuis Oslo, le processus de paix paraissait lent, difficile, et les dirigeants israéliens qui se sont succédé depuis l'assassinat d'Yitzhak Rabin s'empêtraient dans d'impossibles contradictions, incapables qu'ils étaient de choisir entre la paix et la guerre. Au bout d'un demi-siècle, la guerre est, de part et d'autre, une habitude, une culture.

Au long de cet impensable no man's land du temps baptisé processus, les dirigeants de l'Autorité palestinienne se sont montrés au moins aussi indécis que les gouvernements d'Israël. Ils se sont installés dans les territoires autonomes, sans véritable projet politique, se bornant à établir une bureaucratie fantasque, une police particulièrement brutale et des écoles où l'on n'était guère pressé de former les bâtisseurs d'un État moderne et pacifique.

D'un côté, Israël maintenait ses colonies, les développait même, de l'autre, les Palestiniens refusaient de rompre avec la culture de l'exil, administrant les territoires comme s'il s'agissait de vastes camps de réfugiés à jamais installés dans la précarité.

Puis la guerre a été ranimée, en septembre 2000, lorsque Yasser Arafat, refusant le compromis temporaire proposé alors par Ehud Barak, a relancé la question des réfugiés. Sans nul doute, Israël payait pour ses années d'indécision et pour la faiblesse politique de ses chefs de coalitions, Benyamin Netanyahou comme Ehoud Barak. Pourquoi avoir attendu la dernière extrémité, pour énoncer, enfin, à la veille des élections, une véritable politique ?

Les propositions du Premier ministre israélien étaient loin d'être parfaites. En offrant de restituer quatre-vingt-quinze pour cent des territoires, il demeurait imprécis sur la question des colonies et ne s'engageait pas à démonter toutes les implantations. Mais il acceptait, tout de même, l'installation d'une capitale palestinienne à Jérusalem-Est et il envisageait un partage de souveraineté sur une partie de la vieille ville. Jamais aucun dirigeant israélien n'était allé aussi loin, en proposant de négocier sur le point le plus sensible pour les juifs. Jérusalem n'est pas seulement une ville, c'est le cœur de la symbolique juive. Reconnaître Al-Qod à côté de la Jérusalem juive, administrer conjointement les quartiers de la vieille ville où se mêle le passé des uns et des autres, en politique, cela s'appelle une avancée.

L'irrationnel a répondu deux fois à une proposition réaliste.

À Jérusalem, la visite d'Ariel Sharon sur l'esplanade des Mosquées a déclenché une émeute. C'était une provocation et les Palestiniens s'y sont précipités, comme s'ils voulaient démontrer que le partage de l'autorité était impossible à Jérusalem et qu'ils ne permettraient jamais aux juifs de franchir cette esplanade des Mosquées qui est, aussi, le mont du Temple. Le chef du Likoud ne pouvait espérer meilleur lancement de sa campagne électorale. Devant ces lieux saints de l'Islam qu'Israël a toujours respectés, la réaction des Palestiniens marquait le refus de la cohabitation, l'impossibilité d'un partage différent de celui qui, pendant vingt ans, avait laissé un mur au milieu de la ville, interdisant aux juifs l'accès à la vieille citadelle et au mur des Lamentations.

En quelques jours, les accords de paix ont été ruinés parce que lors des rencontres directes avec les dirigeants israéliens et lors de la réunion provoquée par Bill Clinton à Camp David, Yasser Arafat, sous la pression de la rue et des extrémistes, refusait d'entendre les propositions d'Ehoud Barak, provoquant la chute de son gouvernement et l'élection d'Ariel Sharon.

Le président de l'Autorité palestinienne affirmait, à Camp David, que la paix ne dépendait pas tant du partage de la terre ou même du statut de Jérusalem, que du retour, en Israël, de trois millions sept cent mille descendants des trois cent cinquante mille réfugiés de 1947-1948.

Outre l'extravagance de la demande, qui revenait à exiger d'Israël la mise en minorité des juifs dans leur propre État, il y avait là une affirmation de principe, subordonnant toute paix à la mise à jour des comptes de l'histoire. Jamais, nulle part, sur aucun des points chauds de la planète, un accord de paix n'a été soumis à une telle exigence.

Au moment même où Yasser Arafat évoquait le retour des réfugiés, les troupes de l'Otan, qui protégeaient la majorité albanaise du Kossovo, établissaient des barrages étanches sur la frontière serbe, de manière a éviter une relance de la guerre par le retour des réfugiés serbes, population autochtone, au moins aussi légitime que les Palestiniens de 1947. À l'époque où les juifs étaient minoritaires en Palestine, les Serbes formaient la majorité de la population du Kossovo. La minorité albanaise est devenue majoritaire et l'on a déployé la force de l'Otan pour établir sa souveraineté à Pristina. Excepté les nationalistes serbes, nul n'évoque une colonisation albanaise qui rendrait illégitime l'embryon d'État installé par la mission Kouchner. Les Serbes du Kossovo rencontrent, sans nul doute, des difficultés d'insertion dans un pays ruiné par la guerre et par la folie d'un dictateur, mais le gouvernement de Belgrade ne les a pas parqués dans des camps, en prévision d'une reconquête.

Milosevic lui-même ne l'avait pas fait, lorsqu'il s'agissait des réfugiés serbes chassés de Croatie.

L'image des réfugiés Palestiniens, derrière les murs de leurs camps, laisse penser qu'il y a là une situation unique dans l'histoire contemporaine, une injustice incomparable.

Au mieux pensera-t-on que la situation des réfugiés est le sort des vaincus, une tragédie reproduite chaque fois que le sort des armes se révèle défavorable à un peuple.

Las ! Sauf à redessiner la totalité des cartes, et à moins d'allumer des brasiers sur les cinq continents, il semble assez difficile de corriger les bavures laissées sur chaque frontière. Un partage territorial n'a jamais résulté d'autre chose que d'un rapport de force, déterminé par la guerre. Parfois, cela se termine. L'Alsace et la Moselle semblent définitivement acquises à la France. Les Italiens du comté de Nice se sont habitués à la République française tout comme les Savoyards francophones du Val d'Aoste ont fini par admettre qu'ils étaient italiens. Les nationalistes flamands peuvent bien revendiquer Lille et Dunkerque, tout comme l'on peut très légitimement se sentir danois dans le Schleswig-Holstein, mais ces frontières-là semblent assez stables.

Il n'est pas certain qu'elles soient « justes », mais l'histoire est encore moins juste qu'on ne le croit.

En 1945, Staline décida de déplacer la Pologne, au détriment de l'Allemagne et au bénéfice de l'URSS, c'est-à-dire de la Lituanie, de la Biélorussie et de l'Ukraine. Sept millions de Polonais, paysans et habitants des villes annexées par l'URSS, sept millions d'hommes, de femmes, d'enfants furent expulsés en quelques jours. Les plus chanceux furent entassés sur des camions et des trains, des centaines de milliers d'autres marchaient à pied, emportant leur maigre bagage.

Les Polonais avaient bien des défauts, et tout particulièrement celui de cultiver une vieille tradition antisémite. Cependant, le propos de Staline n'était certainement pas de punir les Polonais pour un sentiment qu'il partageait, lui qui, en pleine guerre, avait fait exécuter, en URSS, les responsables du Bund, parti socialiste juif de Pologne.

Les Polonais avaient rarement été nazis, ou même collaborateurs. Ils avaient un gouvernement réfugié à Londres, non pas un gouvernement de la Pologne libre, mais bien le gouvernement polonais, celui de 1939. Peu de peuples ont résisté aussi longtemps aux nazis, depuis les charges désespérées de la cavalerie contre les Panzer, jusqu'à l'insurrection de Varsovie. Et pourtant la Pologne a été dépecée par les vainqueurs. C'est ce que l'on appelle vulgairement une ruse de l'histoire : en 1939, la France et l'Angleterre ont déclaré la guerre à l'Allemagne, officiellement pour porter secours à la Pologne, dont Hitler et Staline se partageaient les dépouilles. En 1945, les alliés abandonnaient toute la Pologne à Staline qui en profitait pour annexer définitivement à l'URSS les territoires que les nazis lui avaient concédés six ans plus tôt.

Pis encore : écrasée par les Allemands, décimée par les Soviétiques qui assassinèrent ses officiers à Katyn, l'armée polonaise s'était reconstituée en Angleterre. Ce n'était pas grand-chose, une poignée d'aviateurs intégrés à la RAF, et quelques troupes de fantassins qui débarquèrent en Normandie et Hollande avec les alliés. En 1945, lorsque l'Armée Rouge « libéra » la Pologne, après avoir laissé aux nazis le soin de massacrer les patriotes insurgés dans Varsovie, Staline fit savoir qu'il n'accepterait jamais le retour du gouvernement polonais et de son armée.

Il y eut quelques protestations de Churchill, mais, enfin, on laissa faire. Les combattants polonais des armées alliées furent dispersés, ils participèrent à la campagne d'Allemagne dans les rangs britanniques et français mais ne purent franchir la ligne Oder-Neisse qu'en civil.

Pour que tout soit clair, le NKVD procéda à quelques assassinats supplémentaires, liquidant des officiers patriotes que la RAF avait, fort imprudemment, parachutés en Pologne, déportant au goulag ou exécutant sommairement les survivants de la Résistance polonaise.

Cet acharnement sur un pays n'a pas d'équivalent. La Pologne avait été occupée, plus longuement que la France, par les armées nazies. C'était pour elle, pour son indépendance, que la France et l'Angleterre étaient entrées en guerre ! Et ces puissances qui ne l'avaient pas sauvée d'Adolf Hitler l'abandonnaient à Joseph Staline.

Tout s'est déroulé comme si nos libérateurs avaient interdit au général de Gaulle de débarquer sur le sol de France, comme si l'on avait permis aux nazis de massacrer l'insurrection de Paris et de détruire la capitale. Le général Leclerc tombé entre les mains de tels libérateurs eut été immédiatement fusillé.

La scène se passait en Pologne, c'est-à-dire nulle part !

Même pendant la guerre froide, cette ignominie n'a jamais dérangé grand monde. Les sept millions de Polonais déplacés par Staline n'ont pas été parqués dans des camps, ils se sont mêlés au reste de la population. C'était d'autant plus facile que l'on pouvait les installer en Prusse, en Poméranie et en Silésie, régions vidées de leurs populations allemandes et dans ces villes et ces villages où six millions de polonais, dont trois millions de juifs, avaient été tués.

Mais ce sont tout de même sept millions de Polonais qui ont été brutalement déplacés par les Soviétiques !

Faut-il rendre à leurs enfants les deux tiers de la Biélorussie, la Galicie ukrainienne et la moitié de la Lituanie ? C'était cela, la Pologne ! L'histoire, décidément, ne sait pas reconnaître le bien du mal, elle ne distingue pas les mérites des peuples. Elle s'est acharnée, depuis plusieurs siècles, sur la malheureuse Pologne et voici que, par un caprice inattendu, elle récompense, depuis 1991, la Lituanie et l'Ukraine ! Cinquante années plus tôt, les nazis avaient trouvé en Lituanie et, plus encore, en Ukraine de véritables appuis, des populations qui participaient aux massacres de juifs, et même des mercenaires, gendarmes lituaniens et SS ukrainiens, qui furent les gardiens des camps. Pourtant, une succession d'événements historique a restauré l'Ukraine et la Lituanie au détriment de la Pologne !

Il se trouve que l'éclatement de l'URSS s'est produit dans les frontières de 1945, celles que Staline avait dessinées. L'Ukraine et la Lituanie sont devenus des États indépendants et bénéficient des annexions territoriales réalisées, jadis, par un homme qui ne songeait sans doute pas au bonheur de ces nations ! Jamais l'Ukraine n'avait disposé d'un territoire aussi vaste et de tant de richesses naturelles. Le pouvoir soviétique a été, incontestablement, son bourreau, mais en disparaissant, il est devenu son bienfaiteur.

Au passage, il a aussi laissé une étrange chose... la Biélorussie ! Cet État artificiel s'est vu attribuer un espace historiquement polonais, mais il se sent tellement russe que sa population a demandé, par référendum, son rattachement à la Fédération de Russie.

Il y a bien des peuples sans pays, mais la Biélorussie est, elle, un pays sans peuple. Elle n'existe pas, en termes d'identité nationale, et elle s'est réveillée indépendante quand Boris Eltsine a créé une situation assez inédite en déclarant que la Russie s'émancipait de l'URSS ! C'était bien la première fois qu'une métropole décidait d'être indépendante de ses colonies. Les plus anciens des Biélorusses étaient des descendants de colons, paysans russes que le Tsar et l'Église orthodoxe avaient implantés pour repousser à l'Ouest les catholiques polonais. La Biélorussie ne fut jamais qu'un cordon sanitaire, une base avancée face aux rébellions répétitives des Polonais, doublée d'une terre de mission de l'Église orthodoxe face aux catholiques et aux uniates ukrainiens.

Cette politique, coloniale et impérialiste, devait être reprise et amplifiée par Staline, qui créa la RSS de Biélorussie lorsqu'il était commissaire du peuple aux nationalités, afin de disposer, à son tour, d'une terre russe et militairement fiable entre l'Ukraine hostile et la Pologne devenue indépendante. À la faveur de la victoire de 1945, la Pologne fut donc dépouillée au profit de cette république fantoche.

Raisonnables, modérés, les Polonais d'aujourd'hui se gardent de ressasser leur histoire tragique. Ils vivent dans leurs frontières de 1945, sans esprit de revanche. Ils ont bien d'autres problèmes à résoudre, c'est vrai, mais en dépit de leur légendaire romantisme, ils manifestent un réalisme exemplaire.

Cependant, en considérant l'histoire de la Pologne, on peut tout de même s'interroger sur cette infamie par laquelle on maintient, depuis cinquante ans, les Palestiniens dans des camps de réfugiés, dans l'attente d'un retour impossible. Le romantisme n'est plus polonais, il est palestinien. La conscience occidentale a toujours besoin d'être hantée par un peuple martyr. Elle l'aime d'autant plus qu'elle ne peut rien pour lui. Comment ne pas aimer un peuple en exil ? On se prendrait pour Victor Hugo, sur une île grecque après le passage des Turcs, en pensant à ces enfants qui naissent dans les camps de réfugiés !

En quoi la situation des Palestiniens est-elle, aujourd'hui, plus inacceptable que celle des Polonais ? Ils sont notre mauvaise conscience, pour avoir été délibérément installés dans une situation précaire, par leurs frères arabes qui entendaient les utiliser pour des guerres chimériques. Les camps palestiniens sont les vestiges des anciens rêves de reconquête, ils sont restés là, comme des armes abandonnées par les soldats en déroute.

Il était déjà absurde, avant 1967, que, dans Gaza sous contrôle égyptien et dans la Cisjordanie annexée par le roi Hussein, les Palestiniens venus d'Israël demeurent derrière les murs de leurs camps. Mais rien n'a changé dans les territoires passés sous le contrôle de l'Autorité palestinienne. Les Palestiniens sont toujours des réfugiés en Palestine !

Certes, ils ne sont pas dans la partie de la Palestine dont ils sont originaires. Ils ont été déplacés des quelques dizaines de kilomètres, vers des terres désormais reconnues comme palestiniennes. Mais si l'on tenait, pour principe universel, qu'un peuple ne peut être déplacé de sa terre, qu'il doit être soutenu dans sa légitimité, même quand il refuse de vivre avec un autre peuple, il faudrait alors revenir non seulement sur la Seconde Guerre mondiale, mais sur toutes les tentatives d'organisation de l'Europe, depuis le Congrès de Vienne !

On nous dira, bien sûr, que l'évocation du passé de l'Europe n'est pas recevable puisque Sharon s'est servi de cet argument lorsqu'il craignait d'être contraint de céder aux revendications des Palestiniens, sans recevoir, en échange, la garantie de la sécurité d'Israël. Mais, cette fois, le coup d'éclat d'Ariel Sharon n'avait rien d'absurde.

En 1938, la Tchécoslovaquie comportait une importante minorité allemande. Cette minorité, les Sudètes, n'était pas moins légitime que les Tchèques et les Slovaques. Elle l'était au moins autant que les Palestiniens. En dépit de son peuplement slave, la Bohème avait toujours vécu dans l'espace des empires allemands. Quoi de plus naturel que la France et l'Angleterre aient concédé à l'Allemagne le droit de protéger le peuple allemand des Sudètes ? Cela se passait en 1938, à Munich. Officiellement, Hitler ne demandait rien d'autre que l'intégration à l'Allemagne de ce qui était allemand. En lui cédant, Daladier et Chamberlain lui ont permis d'envahir, quelques mois plus tard, la totalité de la Tchécoslovaquie. Puis de pousser son avantage, en attaquant la Pologne, sous prétexte de rompre l'isolement des villes allemandes de la Baltique. Le fameux : « Nous ne voulons pas mourir pour Dantzig », de Marcel Déat soulignait l'incohérence de la politique française. Pourquoi voulait-on sauver la Pologne plutôt que la paix, alors que l'on avait fait le choix inverse quand il s'agissait de la Tchécoslovaquie ?

Il se trouvait, simplement que l'on avait enfin compris que les revendications nationales n'étaient qu'un prétexte. Au demeurant, la singularité monstrueuse d'Adolf Hitler ne résidait pas dans sa manière de pousser l'avantage quand il avait fait reconnaître la légitimité d'une revendication allemande. Plus récemment, on a vu les Albanais de l'UCK lancer une offensive armée en Macédoine, alors que l'Otan et les Nations Unies croyaient éradiquer le conflit en contraignant la Serbie à céder sur le Kossovo. Même sans le soutien d'une puissance agressive, les revendications nationales ne s'évanouissent jamais naturellement.

L'histoire ignore la justice absolue et si les Palestiniens récupéraient leur « droit au retour », ils seraient bien le premier peuple de la terre à recouvrer la totalité de ses droits. Car la paix de l'Europe doit beaucoup à des décisions brutales qui faisaient peu de cas des populations et de leurs revendications nationales.

Après la défaite du IIIe Reich, mais avant le Coup de Prague, la Tchécoslovaquie, qui n'était pas encore communiste, expulsa, par le décret Bénès, la totalité des Allemands des Sudètes. Ils étaient deux millions et, eux aussi, furent des réfugiés qui quittaient une terre où leurs ancêtres avaient vécu plus d'un millénaire. Ce n'était pas juste, mais nul, en Europe, ne songeait à verser une larme sur une population allemande. En 1947, les deux millions de Sudètes durent émigrer vers une Allemagne qui n'était pas relevée de ses ruines et qui était encore administrée par les alliés.

Il y avait plus de onze millions d'Allemands déplacés à travers l'Europe, errant à travers les ruines hallucinantes de leur pays vaincu ! Cela peut passer pour une forme de justice, pour le juste châtiment du peuple qui avait suivi Hitler et provoqué tant de souffrances. Mais alors, il faut relativiser toutes les revendications nationales et admettre que le déplacement d'un peuple peut bien être le prix de la paix. Les Allemands ont payé pour avoir déclenché les hostilités. En les déplaçant, en les rassemblant sur un territoire déterminé, les Alliés entendaient éliminer tout risque de guerre, ce qui s'est révélé efficace.

Les Allemands étaient bien chez eux en Silésie, en Poméranie, en Prusse orientale et dans les Sudètes ! La ville d'Emmanuel Kant s'appelait Königsberg et non Kaliningrad.

Ces Allemands déplacés n'étaient pas toujours les plus nazis. La Bavière avait soutenu Hitler bien plus massivement que le Brandebourg et la Prusse. Mais c'est la Prusse qui a disparu, c'est à Berlin, dans le Brandebourg, que l'on a connu le mur, tandis que la Bavière, bien avant la réunification de 1989, se trouvait être le plus riche et le plus autonome des Länder de la RFA ! De ce brassage des peuples allemands chassés de leurs terres, la RFA a fait sa force : elle a réinventé l'Allemagne, elle l'a remodelée en lui donnant une culture nouvelle, une culture démocratique. Il n'y a plus de réfugiés dans l'Allemagne réunifiée, les nostalgiques y sont marginaux et il y a un peuple allemand qui, comme le peuple polonais, vit à l'intérieur de frontières fort différentes de celles des anciens Reich.

Qu'ils aient été du bon ou du mauvais côté des conflits, les Allemands, les Polonais, les Hongrois de Roumanie ont vécu, autant et plus que les Palestiniens, les situations d'exil ou de négation de leur identité ! On pourrait citer, à perte de vue, les peuples floués par les partages, déchirés par les frontières et déplacés sur les cartes. L'Arménie historique se trouve en Turquie, les Tatars n'ont pas retrouvé la Crimée et les Chinois de Saigon, victimes d'une véritable purification ethnique, ont émigré vers toutes les chinatowns d'Europe et des États-Unis.

Or, à Camp David, les Palestiniens ont refusé la perspective d'un État pour replacer la question des réfugiés au centre de leurs revendications. Pour la deuxième fois, ils ont refusé le principe du partage quand toutes les paix du monde et, tout particulièrement, celle de l'Europe, reposent sur ce principe.

Le peuple palestinien bénéficie, bien sûr, d'un vedettariat pour avoir quitté le morceau de planète le plus célèbre du monde.

Si l'on évoque les trois millions sept cent mille descendants des Palestiniens qui ont quitté la terre d'Israël en 1947-1948, il faut se demander, aussi, comment une telle population s'est développée, en situation d'exil, pendant un demi-siècle. Car ce n'est pas après les guerres de 1967 et 1973 que l'on a édifié les fameux camps de réfugiés, mais bien au moment du plan de partage adopté par l'ONU et de l'indépendance d'Israël.

Persuadés de reconquérir rapidement, par la guerre, le territoire reconnu d'Israël, les Palestiniens ont préféré la constitution de camps « provisoires » à l'intégration en Cisjordanie et dans la bande de Gaza. Et ils ont accepté la confiscation de leurs territoires par la Jordanie et l'Égypte qui les ont confinés dans les camps. Tous les conflits ultérieurs sont nés de ce choix, c'est-à-dire du refus de l'existence d'Israël.

Ce refus a provoqué quatre guerres. La première, en 1947-1948, fut un combat sans merci où l'armée arabe, venue de l'autre rive du Jourdain, affichait sa volonté d'en finir, non seulement avec cet État qui venait d'être proclamé, mais avec toute implantation juive. La victoire de la Haganah a surpris les Palestiniens. On ne peut pas prétendre que l'armée juive avait alors beaucoup de soutiens extérieurs ! Elle subissait un embargo britannique et américain. Elle était armée par l'URSS, ou plus exactement par les communistes tchèques, avec l'aide de la France qui a acheminé le matériel militaire. C'est cette première riposte israélienne qui a provoqué l'exode.

La polémique sur les raisons du départ massif des Palestiniens lors de cette guerre de 1947-1948 n'a plus grand sens. Qu'ils aient cédé à un mouvement de panique provoqué par le Muphti de Jérusalem, comme l'affirmait Ben Gourion, ou qu'ils aient été réellement terrorisés par l'Irgoun et la Haganah, ne modifie en rien la composition de la population des camps d'aujourd'hui.

Une population qui, pour l'essentiel, est née hors

d'Israël, dans un exil permanent, vit de la nostalgie d'une terre devenue méconnaissable. D'autant plus méconnaissable que les Palestiniens de moins de cinquante ans ne l'ont jamais vue ! Des villes ont poussé, un pays s'est formé, construit, une population s'est développée là où les grands-parents des Palestiniens de l'exil étaient bergers ou fermiers.

On objectera que les pionniers sionistes qui s'installaient en 1905 ne pouvaient reconnaître l'ancien royaume de David, que leur seul lien avec cette terre venait de la tradition biblique. C'est incontestable, mais nous ne sommes plus en 1905, ni en 1917 à l'heure de la déclaration de Balfour, ni même en 1948, lors de la reconnaissance de l'État d'Israël.

L'histoire a établi la légitimité d'Israël : aucun État factice, artificiel, n'aurait pu vivre au milieu d'une telle adversité, en gagnant chacune de ses guerres.

En 1905, le sionisme pouvait passer pour un rêve d'autant plus fantasque que le monde était partagé entre quelques puissances. Mais nous sommes en 2002 et il y a plus de cent ans que les premiers disciples de Theodor Herzl se sont installés sur la terre d'Israël. Une nation s'est constituée, comme toutes les autres, par le mythe, la conviction, la force et, aussi, par l'injustice. Mais cette injustice est à peine plus récente que celle qui a arraché Nice à l'Italie. La population de Nice est, comme celle de Tel-Aviv, essentiellement composée d'allogènes venus de partout. Les populations du monde entier ont été déplacées par la guerre ou par la paix, par les exodes forcés, provoqués par la violence et la faim ou même par les révolutions industrielles qui ont désertifié les campagnes au bénéfice des villes.

Au fond, un Palestinien passé de la plaine côtière d'Israël à la Cisjordanie a fait moins de chemin qu'un Breton venu travailler à Paris. Pour ne pas parler d'un Maghrébin dont les enfants nés en France peuvent, de droit, s'intégrer quand un Palestinien né en Jordanie ne le peut pas.

Cela ne se passe pas au même endroit et il faut bien avouer que l'idée même du droit de retour, telle que les Palestiniens la formulent, se présente comme une réponse à la loi fondamentale d'Israël.

La guerre elle-même découle de la similitude du sionisme et des rêves palestiniens exprimés par la Charte de l'OLP. On ne se bat pas pour un territoire comme autrefois, en Europe, mais pour des lieux symboliques. La paix ne peut être possible que si, d'un côté, les Israéliens renoncent à toute colonisation, dans ce qui fut bien le royaume de Judée, mais qui est la Cisjordanie et doit être la Palestine, et si, de l'autre côté, les Palestiniens admettent une fois pour toutes qu'ils ne reviendront pas dans une partie de la Palestine, terre de leurs ancêtres, devenue l'État d'Israël.

À mesure que les années passaient, que l'existence d'Israël devenait chaque jour plus irréversible, le maintien des Palestiniens dans les camps de réfugiés et la croissance de ces camps sous l'effet de la démographie est devenue toujours plus absurde. Et tous les pays arabes ont, d'une manière ou d'une autre, encouragé cette absurdité, avec le concours des Nations Unies qui distribuaient et distribuent toujours une aumône avilissante. Car les camps vivent des subsides de l'ONU et même quand ils se trouvent dans les territoires administrés par l'Autorité palestinienne, ils sont maintenus comme tels, pour conserver l'aide internationale. Absurdité entre les absurdités : des Palestiniens conservent le statut de réfugiés chez eux, dans les territoires autonomes ! À cet endroit, il serait tout de même temps de passer des subsides de la misère à une aide internationale pour construire des habitations et, par exemple, développer les villes de Gaza et de Ramallah, au lieu de maintenir des camps à proximité ! L'Union européenne a prévu des crédits pour des initiatives de ce type, mais l'Autorité palestinienne ne les a pas utilisés. Parce que l'on n'ose pas dire à la population des camps de Gaza et de Cisjordanie qu'il n'y aura pas de retour et que sa patrie est à construire dans les territoires.

Il pouvait sembler légitime que les Palestiniens vivent dans l'espoir d'une reconquête, quand l'Égypte et la Syrie accumulaient les armements soviétiques, quand la Jordanie était une puissance militaire, quand tous les autres États de la Ligue arabe promettaient de leur prêter main-forte à leurs frères de la ligne de front. Mais cette situation a perduré en dépit des défaites militaires, de la dislocation du monde arabe et de la disparition de son allié soviétique. Les camps Palestiniens se sont alors transformés en autant de citadelles du Désert des Tartares, où l'on garde la piétaille d'une guerre qui n'aura jamais lieu, sauf sous la forme du harcèlement dérisoire et tragique que nous connaissons.

Les véritables bourreaux du peuple palestinien ne sont pas ses ennemis israéliens, mais ses alliés, ses frères. Jamais peuple n'aura reçu autant de soutiens verbaux et de proclamations de solidarité indéfectible. On l'acclamait, on l'adulait dans toutes les capitales et l'on brandissait son drapeau en promettant d'aller reconquérir Jaffa et

Nazareth. Au nom de cette solidarité, on pouvait, en terre arabe, maintenir les Palestiniens dans les camps et leur interdire toute intégration individuelle et collective au monde arabe. On sait ce qu'il en est advenu, en Jordanie et au Liban. Ce furent les massacres perpétrés par les Jordaniens, puis par les Syriens dans le camp de Tahar el Zatar, au Liban. Sans oublier, bien sûr, le crime des Phalanges chrétiennes libanaises dans les camps de Sabra et Chatila. Et, pour finir, au Liban encore, la guerre inter-palestinienne au cours de laquelle il a fallu l'intervention de la marine française pour que Yasser Arafat échappe aux milices palestiniennes qui l'assiégeaient à Tripoli !

Tous les pays arabes ont massacré des Palestiniens !

Ces crimes étaient possibles, parce que les Palestiniens vivaient isolés, coupés de la population des pays d'accueil qui prétendaient, pourtant, appartenir à la même nation et, qui, pour l'essentiel, se réclamaient, comme eux, de l'Islam et du Coran.

Contrairement à la Pologne et à l'Allemagne, qui ont absorbé leurs énormes masses de réfugiés, les pays arabes et musulmans se sont refusés à intégrer, chez eux, les Arabes et musulmans de Palestine. Même quand ces pays avaient annexé une partie de la Palestine, ce qui était le cas de l'Égypte, avec Gaza et, bien sûr, de la Jordanie, étrange royaume né du refus de tout partage. Même et surtout quand ils proclamaient, comme l'Égypte et la Syrie, l'unité de la nation arabe. Au passage, les chrétiens du Levant n'ont pas mieux traité les chrétiens palestiniens.

Jusqu'en 1967 cette situation paraissait d'autant plus étrange que l'on parlait rarement, alors, de nation palestinienne ni même de Palestine indépendante.

L'objectif affiché, à cette époque, par Nasser, était de

réunir toute la nation arabe, en commençant par établir une République arabe unie, englobant l'Égypte, la Syrie et la Palestine. C'est pour servir cet objectif que Nasser a créé, en 1964, une armée palestinienne, fédérant, sous commandement égyptien, les commandos de fedayins qui s'infiltraient en territoire israélien. Et c'est aussi sous la férule de l'Égypte qu'est apparue, en 1964, l'OLP, coordination des mouvements palestiniens. Mais cette organisation ne parvint que tardivement à s'imposer comme direction politique, car chacune des composantes de l'OLP dépendait, d'abord, de la stratégie de son protecteur ou bailleur de fonds, Égypte, Syrie ou Irak, selon les époques et les tendances.

Il ne s'agissait pas, avant 1967, de libérer la Cisjordanie ou Gaza, moins encore Jérusalem dont la partie orientale et la vieille ville se trouvaient sous contrôle jordanien ! Il ne fut jamais question, alors, de confier l'administration de ces territoires à leurs habitants, ni surtout, d'y intégrer les réfugiés qui s'y trouvaient.

L'objectif était bien d'en finir avec Israël, avec « l'entité sioniste », disait Nasser. L'idée de l'État palestinien avait été enterrée avec le plan de partage mis au point par les Nations Unies en 1947. Le roi Hussein régnait sur la vieille ville de Jérusalem, où les juifs ne pouvaient pénétrer et où l'on avait souillé les lieux saints du judaïsme. La Jordanie n'envisageait pas, non plus que l'Égypte, de faire émerger un nouvel État auquel elle aurait dû rendre la Cisjordanie et Jérusalem. Les trois alliés des guerres répétées n'étaient d'accord que sur un seul point, Israël devait disparaître. Le seul projet cohérent était alors celui de Nasser qui espérait intégrer la Palestine à cette grande République arabe unie à laquelle la Syrie avait un temps adhéré, de force plus que de gré.

Lorsque l'on pose, aujourd'hui la question des réfugiés, plutôt que celle de l'indépendance des territoires conquis par Israël en 1967, cela signifie que l'on revient, une nouvelle fois, sur le principe du partage et que l'on refuse de considérer qu'il y a bien deux légitimités.

Et, bien sûr, cela s'est vu, encore, dans toutes les lettres publiques et privées que nous avons reçues, c'est au nom de la défense d'un peuple, de ses droits de son identité que l'on voudrait nous faire admettre un droit naturel palestinien opposé au fait colonial israélien. Mais pourquoi nos éternels défenseurs de la cause des peuples ont-ils élu le peuple palestinien, pourquoi l'ont-ils choisi parmi tous les autres peuples martyrs de la terre ?

C'est, au mieux, une scorie des anciennes luttes anticoloniales qui ont laissé, en bien des esprits, la conviction que le capitalisme et l'impérialisme américain sont, par essence, les pires ennemis des peuples.

J'ai partagé, jadis cette conviction. Je l'ai partagée jusqu'au moment où nous avons su ce qui était advenu du Cambodge quand il s'est libéré de l'impérialisme américain, jusqu'au moment où je me suis décidé à comprendre qu'il n'y avait pas de peuples plus humiliés que ceux qui subissaient la domination de l'URSS ou celle de la Chine.

Il faut une ignorance absolue et, sans doute, volontaire de l'histoire du XXe siècle pour garder en l'état les vieilles convictions anti-impérialistes. Nous savons, depuis longtemps, ce qu'a été le sort des nations minoritaires dans l'URSS de Lénine et de Staline, dans la Chine de Mao, dans l'Europe des démocraties populaires. Ce monde fut celui où l'on massacrait et déportait des peuples entiers, où l'on détruisait le patrimoine culturel. Ce n'est pas tout à fait terminé, les bouddhistes du Tibet en savent quelque chose.

Mais nous devons, aussi, nous interroger sur le bilan de la décolonisation et des révolutions du tiers monde !

On ne nous refera pas le coup du bilan globalement positif. Il n'y a pas un seul pays « libéré » du colonialisme qui ne comporte pas une minorité opprimée. La liste est effarante de ces Kabyles et de ces Kurdes, de ces Noirs du Soudan, de ces Chinois du Vietnam, de ces minorités d'Indonésie ou du Congo.

Les héros des luttes anticoloniales avaient incarné les peuples opprimés et, partout, ils oppriment d'autres peuples. Le bilan de ces révolutions-là commence à ressembler à celui des révolutions communistes. Et plus l'on a rompu avec l'affreux modèle occidental, américain et européen, et plus on a multiplié les charniers ! Aucun de ces pays qui devaient régénérer le monde n'a inventé de nouvelles formes de démocratie. Que sont-ils devenus, ces mouvements de libération nationale qui promettaient de mettre en œuvre des voies de développement et des modes de gouvernements inspiré des traditions de leurs peuples ? Ils ont imité le système totalitaire soviétique, avec parti unique et police politique. Les inégalités sociales et raciales se sont aggravées, les bureaucraties corrompues se sont enrichies et les peuples connaissent toujours la misère quand ce n'est pas la famine. Tout le monde le sait, mais on oublie, un peu vite, que les premiers responsables de ce désastre sont les révolutionnaires d'hier.

Tant pis pour les dogmes de mes vieux camarades, tant pis pour les anciennes certitudes : aujourd'hui, le pire ennemi des peuples n'est pas l'impérialisme américain. Ce sont les dictatures, politiques, militaires ou religieuses qui se sont établies sur les ruines de l'ancien colonialisme.

Je n'ignore rien des ravages économiques générés par le néo-libéralisme, qui n'est d'ailleurs pas un système venant exclusivement des États-Unis. Toutes les injustices du monde ne sont pas le fait de ce fameux pôle unique de domination, elles ne sont pas toutes générées par la politique des pays du G8.

Les détenteurs des richesses pétrolières n'apportent-ils pas leur contribution au désordre du monde, eux qui investissent leurs bénéfices dans le luxe, les armes et la spéculation financière ?

Malheureusement l'exploitation, l'oppression, l'injustice et la terreur sont aujourd'hui les choses du monde les mieux partagées. Et ceux qui, en rêve, enrôlent les Palestiniens dans un vaste combat contre on ne sait quel impérialisme mondial travaillent à leur malheur comme ceux qui, jadis, les avaient enrôlés sous la bannière de la grande cause arabe.

La réussite du terrorisme, c'est d'avoir, par le spectacle du martyr, distribué les rôles dans une guerre opposant riches et pauvres, poussant l'Occident dans la culpabilité de sa richesse quand le reste du monde aurait, lui, les vertus de la pauvreté. Ceux qui comptent parmi les premiers responsables des désordres économiques et des injustices sont ainsi parvenus à se donner le rôle de défenseurs des peuples. Martyr emblématique, le peuple palestinien a été leur premier otage, il passe pour l'avant-garde des luttes anticoloniales alors même que ses prétendus défenseurs le sacrifient pour l'exemple. Ceux qui se servent des Palestiniens pour justifier leurs crimes sont leurs véritables bourreaux, ce sont eux qui leur interdisent toute solution pacifique, parce qu'ils ont besoin de cette scène universelle où l'on joue un spectacle de mort et de sacrifice.

Si la paix régnait à Jérusalem, les Ben Laden ne trouveraient pas de fanatiques pour entraîner six mille Américains dans la mort. Il faut donc que meurent les enfants palestiniens. Et pour monter sur cette scène de Terre sainte, pour offrir un spectacle aux Occidentaux, les petits martyrs palestiniens ont des imprésarios et même des mécènes qui récompensent leurs familles !

Les assassins ne sont pas ceux que l'on nous montre. Les enfants de Palestine sont délibérément sacrifiés sur l'autel de l'islamisme, après avoir été sacrifiés sur celui de l'unité arabe.

3

La guerre spectacle : les bons, les brutes et les truands

Le pillage éhonté des textes situationnistes a produit une étrange culture journalistique qui des événements ne connaît plus que le spectacle. À la vue d'une tragédie véritable, celle du World Trade Center, on s'empresse de commenter les images, oubliant les morts, les victimes américaines et leurs assassins. De la même manière, les images de soldats chargeant sur des manifestations d'enfants interdisent toute analyse des enjeux réels de la guerre. À quoi bon chercher au-delà de l'image puisque l'on voit des tueurs et des tués, des enfants et des soldats ! La plupart de ceux qui prennent à partie l'État d'Israël se laisseraient découper sur place plutôt que d'avouer que leur culture est aussi faite de cinéma américain, mais ils réagissent au spectacle de l'histoire contemporaine comme des spectateurs de western. N'est-il pas hautement significatif d'établir un lien, comme l'a fait Danielle Sallenave, entre la situation des Indiens d'Amérique et celle des Palestiniens ? C'est au spectacle, devant l'écran que l'on prend parti et l'on fait ainsi l'économie d'une analyse politique et historique de la situation. Les bons ont des visages d'enfants, les méchants ont des uniformes de soldats. On peut ensuite prolonger le spectacle de la guerre par celui de la solidarité des intellectuels qui écrivent leur propre rôle, sous la forme d'une tribune, d'un manifeste ou d'une lettre aux juifs.

Chers juifs, vous aviez un si joli rôle dans le film d'avant, vous nous aviez émus dans *Shoah*, pourquoi avez-vous accepté de jouer dans *Tsahal* ?

Qui cherche à comprendre les raisons d'Israël devient aussitôt un monstre, insensible à cette vision répétée de l'enfant ensanglanté allongé sur une civière, portée par un peuple dont on entend les pleurs et les cris ponctués par les salves vengeresses des Kalachnikov.

L'image renvoie d'autant mieux Israël à sa culpabilité que les Français sont constamment appelés à visiter la leur. Incertains de leur rôle dans *Shoah*, ils découvrent qu'ils ont aussi joué, dans *La Bataille d'Alger*, film longtemps interdit et comportant quelques séquences fortement déconseillées aux enfants et aux personnes sensibles.

À peine remis du procès Papon et du malaise lié à la reconnaissance du rôle de Vichy, les Français redécouvrent les horreurs de la guerre d'Algérie. Or, les séquences qu'ils regardent quotidiennement mettent en scène des juifs et des Arabes.

La guerre n'existe plus pour elle-même, elle n'est plus que leur miroir d'une histoire française : les juifs sont identifiés à une ignominie lointaine, la Shoah, les Arabes incarnent une tragédie plus proche, et, surtout, plus spécifiquement française. Légitimement les Français peuvent se sentir plus résistants que vichystes, mais il leur est assez difficile de se construire une histoire de solidarité envers le peuple algérien qui ne fut soutenu que par quelques intellectuels et par de petites organisations trotskystes.

Les Palestiniens bénéficieront donc de la compassion qui a tant fait défaut aux Algériens et les juifs seront, eux, renvoyés au terrible malheur qui fut le leur et qui devrait leur interdire de faire souffrir un autre peuple.

Fort malencontreusement, la nouvelle d'une relance du conflit israélo-palestinien est parvenue en France au moment où les « révélations » d'un général en retraite réveillaient les fantômes d'Algérie. Quoi de plus naturel que de lire une histoire dans une autre, de tenir le conflit du Proche-Orient pour une nouvelle guerre coloniale où il serait simple de choisir son camp ? Et qui ne choisirait pas, alors, celui des opprimés ?

Tant pis pour l'histoire dont on se réclame tant, on réagira, on polémiquera comme si la situation d'aujourd'hui résultait d'une colonisation classique... Nul besoin de remuer des problématiques aussi complexes que celles qui touchent à l'histoire du peuple juif et du sionisme, à la trajectoire complexe et tourmentée du nationalisme arabe ou aux formes contemporaines de l'idéologie islamiste. On pourra même caricaturer le jeu des puissances internationales, la preuve de l'impérialisme n'est plus constituée par les intérêts en jeu, sur place, mais par le fait que l'un des deux protagonistes est plus proche que l'autre du mode de vie américain.

On traite de la guerre du Proche-Orient, comme d'une scorie des mouvements de libération nationale et on la traite en restaurant les certitudes années soixante, s'agissant, par exemple, de la nature « progressiste » du nationalisme arabe. Qu'importent Israël et la Palestine, pourvu que l'on puisse restaurer de vieilles convictions !

Cette vision anticoloniale avait peut-être un sens, en 1956, quand Ben Bella était réfugié au Caire et quand le gouvernement de Guy Mollet se lançait tout à la fois dans l'aventure de Suez et dans la guerre d'Algérie. À cette époque, Nasser passait pour le libérateur et le fédérateur de la nation arabe, on pouvait donc imaginer qu'une communauté de destin unissait le FLN algérien et les combattants arabes du Proche-Orient.

Le bilan des uns et des autres devrait tout de même inciter les anciens tiers-mondistes à plus de modestie : ils se sont montrés courageux, généreux, comme l'avaient été, avant eux, les militants communistes, mais ils ont été floués de la même manière.

Les révolutions anticoloniales ont dégénéré aussi vite que les révolutions socialistes !

En quarante ans, la courte histoire de l'Algérie indépendante est celle d'un désastre absolu. Ruinée par des dirigeants corrompus, étouffée par un pouvoir omnipotent, l'Algérie connaît une double guerre civile. Les tueurs des GIA poursuivent leur immonde besogne. Impuissante lorsqu'il s'agit de les combattre, l'armée algérienne se révèle d'une redoutable efficacité quand il s'agit de réprimer les jeunes Kabyles qui manifestent pour la démocratie.

Jamais Tsahal ne s'est comportée avec la brutalité de la police et de l'armée algériennes. Le monde entier s'indigne, à bon droit, quand un soldat israélien perd son sang froid et tire à balles réelles sur un jeune manifestant. Mais en Kabylie, la police algérienne a chargé, poursuivi les manifestants, elle a tiré à balles réelles non pour les disperser, mais bien pour tuer. Pour tout dire, on se serait cru à Paris en octobre 1961, quand Maurice Papon commandait la répression contre les militants algériens ! Dans les deux cas, l'objectif était de briser un mouvement par la terreur, les morts n'étaient pas victimes de bavures ou d'excès policiers, on avait des ordres, il fallait tuer pour des raisons politiques.

Mais il se trouve, toujours, à Paris, des intellectuels, pour s'accrocher à l'idée qu'ils se sont faite, jadis, d'une cause arabe, progressiste, combattant l'impérialisme américain incarné par Israël ! Ils croient ainsi poursuivre le combat que les plus âgés d'entre eux menaient pendant la guerre d'Algérie. Les Kabyles furent d'irréductibles combattants de l'indépendance algérienne, mais à peine le FLN était-il installé à Alger qu'ils furent niés dans leur identité de Berbères. Il fallait que l'Algérie fût « arabe » et non point algérienne. Et tous les gouvernements algériens ont pris des décrets d'arabisation, qui furent toujours rédigés et imprimés dans la seule langue commune à tous les Algériens, le français ! La résistance kabyle a imposé la reconnaissance de la langue berbère. Il a fallu quarante années de combats, d'affrontements armés pour qu'un gouvernement algérien reconnaisse l'existence d'une population autochtone, d'une culture antérieure à la conquête arabe. Jusque-là, depuis l'entrée triomphale de Ben Bella à Alger en 1962, le principe qui prévalait était celui d'une Algérie homogène, d'une nation arabe participant au grand mouvement progressiste initié par Nasser.

La légende du progressisme arabe a pourtant été démentie par tous les régimes qui s'en sont réclamés. On pouvait imaginer, dans les années soixante, que ces régimes allaient trouver des voies originales de développement. Il était même question d'un socialisme arabe, dont le président égyptien Nasser était l'initiateur et le théoricien. Après tout, ces pays disposaient de richesses, de moyens qui faisaient singulièrement défaut aux autres nations accédant à l'indépendance. Ils avaient, aussi, une culture historique qui avait eu sa splendeur, dans les arts, la médecine ou les mathématiques. En fait de développement original, Nasser n'a fait que reproduire les méthodes qui avaient déjà échoué en Union soviétique. Nationalisations, travaux gigantesques et parti unique ! La misère n'a pas beaucoup reculé, le miracle attendu à Assouan ne s'est pas produit, les capitaux étrangers et les fortunes locales ont quitté le pays, provoquant la ruine d'entreprises florissantes comme les banques d'Alexandrie.

Puissance financière historique, l'Égypte s'est d'autant plus enfoncée dans l'endettement qu'elle avait dépensé des sommes colossales pour équiper et entretenir une armée qui devait être anéantie en six jours. Reconstituée en six ans, avec l'aide massive de l'URSS, de 1967 à 1973, elle fut de nouveau écrasée. La politique de Nasser a ainsi conduit à la perte d'un immense territoire, à celle des pétroles du Sinaï, à la fermeture du canal de Suez et à la ruine de son pays.

Encore peut-on créditer Nasser de quelques réelles tentatives économiques. L'Égypte n'avait pas assez de ressources pétrolières pour financer une militarisation du pays sans tenter quelques réformes. Les régimes des partis Baas de Syrie et d'Irak, comme celui de Kadhafi en Libye, étaient assis tantôt sur des richesses naturelles, tantôt sur les voies d'acheminement du pétrole. Ils ont mobilisé l'essentiel de ces ressources dans la militarisation totale de leurs pays. Tous ont constitué des armées, englouti des fortunes en blindés, en aviation et ils se sont offert les équipements militaires les plus sophistiqués. Et ces grands progressistes n'ont pas utilisé le solde de leurs richesses pour améliorer le sort de leurs peuples ! Ce sont les dirigeants, les Saddam et les Assad et leurs obligés, qui ont accaparé ce pactole à titre personnel. Dans ces pays, la seconde dépense extérieure, après les armes et équipements militaires, est constituée par les achats de produits de luxe pour les élites dirigeantes.

Tous les dictateurs « progressistes » ont placé des capitaux dans les paradis fiscaux, et tous spéculent et investissent sur les marchés financiers des grands pays capitalistes. Avec un cynisme incomparable, Hafez el-Assad a fait voter une loi attribuant la totalité des ressources pétrolières de la Syrie à la famille du président guide et bienfaiteur ! Ce qui permet à cette famille de disposer de confortables comptes dans les banques suisses et de séjourner dans les palaces de la Côte d'Azur.

Naturellement, tous les régimes réputés progressistes n'ont eu de cesse d'emprisonner et d'assassiner les militants de gauche, communistes compris. Ce fut, longtemps, l'un des paradoxes du Proche-Orient : dans tous les pays soutenus par Moscou, les partis communistes étaient interdits et leurs dirigeants emprisonnés. Le seul PC légal était celui d'Israël. Chez l'ennemi, les communistes siégeaient au Parlement. Dans les pays amis de l'URSS, ils étaient en prison !

Au Soudan, en 1971, des dizaines de milliers de communistes furent massacrés avec des fusils soviétiques. L'URSS protesta, pour la forme, au nom de l'unité du camp « anti-impérialiste », sans, pour autant, suspendre ses livraisons d'armes. Il faut dire que les communistes du Soudan étaient, surtout, les représentants des Noirs du Sud, ceux que la République islamique de Khartoum assassine toujours dans l'indifférence générale.

Les prétendus régimes progressistes n'ont jamais été autre chose que les exploiteurs de leurs peuples quand ils n'en étaient pas les massacreurs.

Il n'y a aucune différence entre les pratiques des pays pratiquant la phraséologie anti-impérialiste et celle des monarchies du Golfe. La loi des pays pétroliers arabes n'est rien d'autre que la loi du capitalisme sauvage. La loi du pillage des richesses et celle de la spéculation financière ! Les uns et les autres se servent de la cause palestinienne pour conforter leur pouvoir. Les uns arment les mouvements classiques, le Fatah et le FPLP, les autres financent le Hamas, le Jihad islamique et le Hezbollah, tout comme ils ont financé le FIS et les GIA algériens.

Décidément, les enfants palestiniens ne meurent pas pour leur terre, ils meurent, surtout, pour les ambitions de Bachar el-Assad, pour les Rolls et les palais de marbre de ces féodaux si pieux qui leur offrent généreusement des livres de prière !

Et l'on nous parle de la lutte des peuples pauvres, représentés par les Palestiniens, contre l'impérialisme incarné par Israël ?

Curieusement, cette approche est portée par des intellectuels marqués par le marxisme, comme Étienne Balibar, qui jadis, nous invitait à lire *Le Capital*. Cependant, l'assimilation d'Israël au *Capital* ne relève pas exactement de l'analyse marxiste et logiquement, Balibar devrait le savoir.

Pendant la crise de Suez, en 1956, Israël a, certes, défendu les intérêts des anciennes puissances coloniales, mais il s'agissait essentiellement de la France et de l'Angleterre, inquiètes de la nationalisation du canal. Depuis, les guerres d'Israël n'ont pas vraiment servi les intérêts pétroliers américains, elles ont provoqué, à plusieurs reprises, la fermeture du canal de Suez. Quand la paix avec l'Égypte a permis sa réouverture définitive, cette voie navigable avait, en partie, perdu de son importance, en raison de l'apparition des super-tankers et de la construction d'oléoducs géants. Mais il y a une légende, tenace, bâtie sur un marxisme assez étrange, à vrai dire, qui nous persuade que les intérêts pétroliers américains passent par un pays qui ne possède pas un seul derrick.

Or, la difficulté pour Israël, aujourd'hui, c'est précisément qu'il y a plus d'intérêts américains et européens dans les pays pétroliers que dans l'État hébreu.

Au demeurant, il n'est pas certain que la belle phrase de Jaurès, s'applique exactement à la situation du Proche-Orient ! « Le capitalisme porte en lui la guerre comme la nuée porte l'orage », disait le tribun du socialisme français. Mais la guerre oblige les compagnies pétrolières à payer une énorme prime d'assurance pour le pipe-line qui traverse la Syrie. Ces compagnies-là peuvent désirer n'importe quelle paix et tenir Israël pour un obstacle. Quand la guerre lui coûte plus de sept cents millions de dollars d'assurances, le pire des requins capitalistes devient pacifiste ! Il criera *peace and love* si le business l'exige !

On comprend, dans ces conditions, qu'Ariel Sharon ait pu exprimer quelque inquiétude quand il a constaté que le Hamas, le Jihad et le Hezbollah palestiniens ne figuraient pas sur la liste des organisations terroristes mises hors la loi par George W. Bush !

Les islamistes palestiniens sont financés par les partenaires commerciaux de Texaco. Le président des États-Unis est aussi l'ancien gouverneur du Texas, il est plus étroitement lié aux intérêts pétroliers que ne l'était Bill Clinton.

Le soutien américain à Israël doit moins aux intérêts économiques impérialistes, qu'à la stratégie des États-Unis à l'époque de la guerre froide. Depuis la guerre du Golfe, d'autres alliés se sont révélés beaucoup plus utiles.

Les victoires militaires d'Israël étaient particulièrement bien venues quand l'URSS étendait son influence au Proche-Orient, par une politique de soutien aux régimes arabes, tout particulièrement ceux d'Égypte, de Syrie et d'Irak. Brejnev pouvait méditer sur le rapport de forces réel, quand ses chars, si efficaces à Budapest et à Prague, échouaient dans le Sinaï et quand l'aviation d'Ezer Weizman réduisait en ferraille les Mig et les rampes de missiles de Syrie et d'Égypte. Dans cette guerre-là, Israël était un allié privilégié pour les États-Unis. Anéantis en débarquant à Cuba, vaincus au Vietnam, les Américains regardaient avec admiration cette armée triomphante qui repoussait un ennemi supérieur en nombre, encadré par des conseillers soviétiques et équipé des meilleures armes russes.

Mais l'URSS n'existe plus et il n'est pas certain que les héros des guerres d'hier soient indispensables dans celles d'aujourd'hui. Ils peuvent même devenir gênants et Bush ne leur a pas envoyé dire.

On a crié haro sur Ariel Sharon, cette brute, quand George W. Bush a cherché à rassurer les pays arabes « modérés », qui ne sont que des féodalités islamistes, en ménageant le Hamas et en promettant un État palestinien. Ariel Sharon a bien des défauts, mais il doit se souvenir qu'en1991, quand l'URSS avait définitivement cessé d'inquiéter les Américains, George Bush senior avait littéralement hurlé aux oreilles d'Yitzhak Shamir, alors premier ministre, exigeant de lui l'ouverture immédiate des négociations.

L'oncle Sam n'est plus hanté par Goliath, David devra se faire une raison. Les plans impérialistes ne sont plus ce qu'ils étaient.

Quant à la légende selon laquelle Israël constituerait,

sur place, une puissance capitaliste cherchant à dominer par la force, elle suppose une méconnaissance absolue de la réalité économique du Proche-Orient. La guerre pèse sur l'économie d'Israël. Il n'est pas bien difficile d'imaginer à quel point le budget militaire dévore les finances publiques. En France, le patronat se plaint du coût et des difficultés d'organisations des trente-cinq heures. En Israël, l'économie doit composer avec des salariés qui effectuent chaque année une période militaire et qui peuvent être rappelés à la moindre tension. C'est autrement plus difficile à gérer que nos « RTT » ! Privé d'échange avec ses voisins les plus proches, ce pays vit avec des importations et des exportations lointaines, toutes frappées d'un surcoût de transport et de sécurité. Les services israéliens doivent contrôler chaque cargaison, navale ou aérienne, jusqu'au plus petit colis. Faut-il ajouter qu'en dépit de la proximité des puits et des oléoducs, le ravitaillement énergétique est assuré par voie maritime et que le trajet des pétroliers est un défi à la géographie élémentaire ? Faut-il, aussi, évoquer les difficultés liées au boycott, quand des sociétés, et particulièrement des sociétés françaises, évitent de travailler avec Israël pour ne pas subir de mesures de rétorsion dans les pays arabes et islamiques ?

Les entreprises israéliennes qui exploitent la main-d'œuvre palestinienne n'ont aucun intérêt à voir se prolonger le conflit. Chaque bouclage des territoires les met en difficulté. Il est bien évident que ces capitalistes-là s'accommoderaient volontiers d'ouvriers venant travailler en Israël, tout en exerçant leurs droits civiques de l'autre côté de la frontière. Certains espéraient même investir en Palestine, réalisant ainsi une délocalisation à moindres frais, pour abaisser les coûts de production en échappant à la législation sociale fort contraignante de l'État d'Israël.

À l'époque d'Oslo, quand on pouvait croire à une paix immédiate, quelques patrons israéliens envisageaient sérieusement d'utiliser Gaza comme une vaste zone franche. Le groupe Partouche avait, lui, misé sur l'implantation d'un casino à Jéricho, ville de la future Palestine où il entendait bien tirer parti de la passion commune des juifs et des Arabes, le jeu, alors que les établissements de hasard sont interdits en Israël.

Pour tout dire, quitte à effrayer, une fois de plus, mes honorables correspondants, je rêve parfois d'une paix capitaliste de ce type. Pourquoi cette fraternité des joueurs juifs et arabes ne pourrait-elle pas s'exprimer en Cisjordanie ? Dans la tribune de Vincennes, l'ambiance n'est jamais à la guerre !

La peur de voir un peuple colonisé n'a plus rien à voir avec la dénonciation de l'exploitation coloniale d'autrefois. Ce n'est plus qu'une condamnation morale. On craint de voir les peuples perdre leur âme sous l'effet des films américains, du Coca-Cola et des hamburgers. On peut être certain que, en temps de paix, McDonald's installera ses restaurants le long de la frontière israélienne pour peu que l'application des règles hallal soit moins stricte en Palestine que celle des règles casher en Israël. Contrairement aux phobiques de l'américanisation, je ne vois pas où serait le mal, si demain la paix rassemblait de jeunes Arabes et de jeunes juifs dans les fast-food, les pizzerias et les discothèques ! Je peux me tromper, mais je persiste à penser que l'horreur c'est que de jeunes Palestiniens se soient suicidés pour assassiner des juifs dans une discothèque et dans une pizzeria.

Cette guerre est si absurde que je rêve parfois de voir pousser les hôtels le long des plages, de Haïfa jusqu'à Gaza. Ce capitalisme-là ne serait pas si affreux, on verrait la jeunesse de Tel-Aviv fréquenter les concerts rock de Gaza et les cinémas multiplex fleuriraient autour de Tel-Aviv, on n'aurait plus besoin de fouiller les Palestiniens à l'entrée, et il y aurait des séances le vendredi comme le samedi !

Et même si l'on en vient à installer un Disney Holy Land, sur la route qui traverse Israël pour relier la Cisjordanie à Gaza, ce sera tout de même mieux que les chars. Pourvu que les capitalistes américains puissent un jour faire un parc d'attractions couleur locale, avec effets spéciaux, Moïse et son buisson ardent, Jésus sortant du tombeau et Mohamed montant voir Allah !

N'est-ce pas la pire des perversions intellectuelles que de vouloir protéger les peuples de notre mode de vie ? J'espère qu'un jour prochain, nous verrons les Israéliennes et les Palestiniennes défier ensemble les barbus des deux religions pour bronzer, seins nus, sur les plages.

Lorsque j'ai vu, à Jérusalem et dans le Sinaï, le sigle fameux de Coca-Cola, écrit en hébreu et en arabe, j'ai pensé que la paix ressemblerait à cela et que les écolos palestiniens et israéliens auraient alors à se battre contre le tracé de l'autoroute Jérusalem-Gaza-Le Caire !

Pour les entreprises israéliennes, la paix serait un véritable puits de pétrole. Elles ont pour principale richesse leur savoir-faire industriel et commercial, leur maîtrise des technologies de pointe, en bien des domaines, et elle ne demandent qu'à vendre à leurs voisins ce savoir-faire et ces technologies. Elles n'ont que faire de la colonisation agraire de quelques terres supplémentaires. Les entreprises agroalimentaires elles-mêmes ont toujours trouvé un terrain d'entente avec les paysans palestiniens dont elles commercialisent les produits. En pleine guerre, au plus fort de la tension de septembre 2001, les paysans palestiniens ont demandé à leurs organisations quelques heures de trêve, le temps de faire passer en Israël les récoltes destinées à l'exportation.

On accusera, sans doute, les entreprises israéliennes de profiter de leur situation de monopole pour acheter au meilleur prix les produits agricoles de Cisjordanie. Mais les prix de ces produits, souvent destinés à l'exportation vers l'Union européenne, sont très supérieurs à ceux qu'obtiennent les paysans de Jordanie, pour ne pas parler de ceux de Syrie, littéralement pillés par la bureaucratie de l'État.

Les jeunes Palestiniens ne luttent pas spontanément contre un colonialisme américano-capitaliste qui, au travers d'Israël, chercherait à leur imposer sa culture. Ils en rêvent ! Il suffit, pour s'en rendre compte, de regarder les antennes paraboliques qui ont fleuri jusque dans les camps de réfugiés. Séries américaines, jean's, baskets et Coca-Cola, les jeunes Palestiniens sont les plus américanisés des Orientaux. Il y a bien une contagion de la culture occidentale par la marchandise, mais alors, il faudra que l'on dise en quoi, il serait formidablement progressiste d'y répondre par le Coran et le fanatisme religieux.

Comme il faudra, aussi, un jour, que l'on nous dise en quoi, Israël représente les intérêts pétroliers américains et en quoi les pétroliers texans auraient intérêt à soutenir une colonisation sur les rares sols du Proche-Orient qui ne recèlent pas de pétrole.

Nos marxistes envisagent d'ailleurs rarement la lutte des classes qui devrait opposer les paysans et prolétaires palestiniens aux capitalistes du pétrole, émirs, dictateurs militaires et autres théocrates. Elle existe, pourtant. Ce sont les émigrés palestiniens du Koweït et des émirats qui font tourner l'industrie pétrolière. Mais aucun revenu pétrolier n'a jamais été investi dans les territoires sous autorité palestinienne. Sauf pour distribuer des exemplaires du Coran, entretenir le Hamas et payer des imams qui enseignent à la jeunesse le sens du martyr.

Certains nous feraient prendre l'islamisme pour une expression de la lutte des pauvres contre les riches, quitte à faire abstraction du jeu saoudien dont Ben Laden n'est pas la seule expression. Mais le Hamas palestinien doit tout aux influences et aux capitaux saoudiens, tout comme d'ailleurs le FIS algérien.

Qu'il soit saoudien ou iranien, chiite ou sunnite, l'intégrisme religieux n'est pas la seule force qui utilise les dividendes pétroliers pour s'opposer à la paix. La Syrie, l'Irak et, à certaines époques, la Libye se sont servis de la cause palestinienne pour justifier l'investissement de leurs revenus dans l'armement et l'entretien d'armées surdimensionnées. Dans ces pays, les fabuleuses richesses du sous-sol ont été confisquées par les castes militaires, quand ce n'est pas, comme en Syrie, par la famille présidentielle qui, de par la loi, s'est attribuée les revenus du pays.

Dernier avatar des vieilles lunes anti-impérialistes, l'anti-mondialisme veut tout ignorer de ces puissances-là, puisque, à ses yeux, un seul pays peut incarner le mal.

En vérité, le conflit du Proche-Orient a servi de drogue aux pays arabes, aux féodalités pétrolières comme aux supposés régimes progressistes. L'exaltation de la cause palestinienne a toujours fait un tabac, c'était un élément indispensable de la popularité des dirigeants arabes. La haine d'Israël est la seule idéologie assez puissante pour transcender les clivages entre les tendances rivales de l'Islam et du mouvement national arabe. Jusqu'à la guerre du Golfe, cette haine servait, aussi, à masquer les contradictions entre les États. Il a fallu que Saddam Hussein tente de mettre la main sur les réserves pétrolières du Koweït pour que ces contradictions éclatent. Jusque-là, la cause sacrée du peuple palestinien unissait les pays producteurs de pétrole quand la situation économique leur permettait encore de jouer avec le prix du baril. Ce furent là les seuls intérêts capitalistes liés, au moins par le verbe, à la guerre du Proche-Orient.

Répétons-le, les raisons du soutien américain à Israël ont été plus clairement associées à la guerre froide, à la pression soviétique sur le Proche-Orient et aux rapports de force en Méditerranée orientale qu'à de strictes visées économiques. Ce soutien ne devait pas grand-chose au principe de l'investissement capitaliste, il coûtait et ne rapportait pas.

Le fantasme par lequel les Palestiniens et les Arabes en général incarneraient la lutte des pauvres quand Israël serait l'expression de la puissance de l'argent s'appuie moins sur les réalités de la guerre que sur l'association de certitudes obsolètes et de préjugés archaïques. Cela ressemble fort, nos fiers gauchistes devraient s'en apercevoir, à ce que le marxiste allemand August Bebel appelait le socialisme des imbéciles, c'est-à-dire, tout simplement, l'antisémitisme. Israël serait donc l'expression de la finance mondiale, le centre et la raison d'être du complot des capitaux contre les peuples !

Et ce vieux fantasme conduit au délire, quand, au lendemain du crime fanatique de New York, on soutient encore qu'une secte financée par un milliardaire, abritée par le pouvoir raciste et sexiste des taliban peut incarner, d'une manière ou d'une autre, la lutte des pauvres contre l'empire de l'argent. Pour Oussama Ben Laden, la destruction du World Trade Center n'était que la préfiguration d'une autre destruction dont il n'est pas le seul à rêver, celle de l'État d'Israël. Pour lui les deux tours étaient un Israël symbolique, un temple de la puissance juive.

On ne passe jamais innocemment de la dénonciation du capitalisme à celle des puissances financières occultes fomentant un complot mondial. Tous ceux qui ressassent cette obsession n'expriment jamais autre chose que l'antisémitisme le plus ordinaire. Il se peut que ce glissement se soit opéré à leur insu, mais c'est le propre du délire.

Croient-ils, vraiment, défendre les pauvres contre les riches ?

Les mots et les concepts ont, aussi, un sens historique. L'usage abusif des termes « mondialisation » et « mondialisme » occulte plus qu'il ne décrit l'internationalisation de la production et des échanges marchands. Il transforme en entreprise manipulatoire le mouvement de la production et les tentatives de régulation du marché. En opposant on ne sait quel mystérieux mondialisme des « riches » à la pauvreté des « peuples », on nous propose une vision de l'économie mondiale qui nous ferait regretter la vieille vulgate marxiste.

Pour qui a suivi, jadis, à la lettre, les conseils de Louis Althusser et d'Étienne Balibar, pour qui a pris le temps de lire *Le Capital* de Karl Marx, cette transposition de la lutte des classes en combat des pauvres et des riches apparaît comme une caricature grotesque. J'avais remisé les vieux outils de l'analyse marxiste quand le fameux critère de la pratique, qui en faisait partie, avait épuisé toutes les preuves, quand il était avéré que toutes les révolutions prolétariennes n'avaient jamais produit autre chose qu'un monstrueux système d'oppression. Mais au moins Marx nous offrait-il autre chose qu'un prône de prédicateur puritain opposant les pauvres et les riches, le bien et le mal.

Pour Marx, la lutte des classes se déroulait en ceux qui produisaient les richesses, qui constituaient la partie vivante des forces productives, et les classes possédantes qui tiraient profit de ces richesses, à partir de la plus-value réalisée sur le dos des prolétaires, par un privilège dû à la propriété privée. Mais voici que l'on nous sert une logomachie « marxiste », où l'on substitue au prolétariat des États, supposés collectivement pauvres, quand tous sont dirigés par des classes, des castes militaires ou des féodalités enrichies nourrissant une théocratie fanatique !

Le terrorisme lui-même s'appuie sur la propriété privé qui permet au rejeton d'une famille capitaliste d'Arabie Saoudite de s'offrir une armée et de s'imposer en seigneur de la guerre sainte. Contrairement à ce qui s'est produit en Europe au temps de Marx, le capitalisme d'Arabie n'a pas détruit le système féodal, il l'a restauré et renforcé. Les rois, les émirs et les condottieri sont en même temps des capitalistes.

Tous doivent leurs domaines à l'impérialisme britannique, qui a distribué les trônes et les fiefs, en échange des concessions d'or noir.

Si la lecture de Marx se révèle trop ardue, nos arabophiles gagneraient à relire *Tintin*.

L'image que l'on nous sert aujourd'hui de l'affrontement entre riches et pauvres n'a strictement rien à voir avec ce que l'on appelait la lutte des classes dans la société industrielle. Ce n'est jamais que la dernière des certitudes récupérées, dans le naufrage de la pensée communiste, par des Robinson trop paresseux pour forger de nouveaux outils conceptuels.

Collée sur la situation d'Israël et de la Palestine, cette vision est totalement déplacée et ne sert qu'à masquer les enjeux réels, c'est-à-dire l'affrontement des pouvoirs politiques et religieux de la région.

C'est une imposture, ou simplement une sinistre ânerie, que d'attribuer les poussées islamistes à la pauvreté. On sait pourtant ce que cette poussée doit à la richesse et pas seulement à celle du milliardaire « dissident » Oussama Ben Laden !

Joshka Fischer, ministre allemand des affaires étrangères, a eu le courage d'interpeller les monarchies du Golfe, en leur demandant de cesser de financer les trois organisations islamistes de Palestine. Ancien gauchiste, fondateur des Grünen, Joshka Fischer est l'homme politique le plus conséquent de la gauche européenne. Il sait, lui, ce que la guerre et le terrorisme doivent aux féodaux capitalistes dont les groupes religieux sont le bras armé.

Rois, émirs ou roturiers, les nababs du pétrole versent des sommes considérables aux diverses organisations islamiques. Il y a sans doute, sous ces gestes, une grande diversité de motivations. On comprend que la monarchie saoudienne paie le prix de sa paix civile, préférant voir les croyants porter la guerre sainte loin de La Mecque et de Médine, et, surtout, le plus loin possible des palais et du luxe de Ryad et de Djedda. Les émirs du Golfe peuvent bien se montrer généreux, payer des imams, construire des mosquées et des écoles coraniques, comme ils se paient des écuries de course, des yachts et des propriétés assez éloignées des fronts de la guerre sainte. Mais qu'importe si les financiers agissent par piété ou par calcul !

Longtemps marquée par l'affrontement des fédérateurs putatifs de la nation arabe, version Baas « laïque », la guerre du Proche-Orient sert désormais de point d'appui aux divers prétendants à la fonction de Commandeur des Croyants. Étrange guerre des pauvres dont les bailleurs de fonds jettent l'ancre dans le port de Monte-Carlo et engagent leurs chevaux à Longchamp !

Joshka Fischer a raison, ce sont ces gens-là qui financent le Hamas et le Jihad palestiniens, eux qui n'ont jamais lâché le premier pétro-dollar pour aider l'Autorité palestinienne à remplacer les camps et les gourbis par des logements décents, à créer des entreprises, des emplois, et à bâtir des écoles où l'on préparerait l'avenir en enseignant autre chose que la haine d'Israël.

Depuis Oslo, ils ont eu le temps d'agir, ces pays pétroliers, auxquels les Américains donnaient des brevets de modération. Il ne leur était pas interdit d'investir à Gaza et en Cisjordanie. Seule l'Union européenne s'est préoccupée d'investissements de paix. L'Europe a financé des écoles, et bonne fille, elle s'est gardée d'en contrôler l'enseignement. Mais la solidarité arabe, elle, ne s'est manifestée que sous la forme de subsides aux organisations islamistes.

Les Arabes riches se sont débarrassés de leurs parents pauvres, palestiniens, en les enfonçant dans la guerre. D'une main, ils soutiennent le processus de paix, ce qui leur permet d'être fréquentables sur les marchés financiers internationaux, de l'autre ils financent le terrorisme islamique pour ne pas en devenir les cibles et pour conquérir, à travers lui, une influence sur le monde musulman. Comment ne rêveraient-ils pas de commander une masse d'un milliard deux cents millions d'hommes !

Les Palestiniens et les Israéliens ne sont pas les seuls à faire les frais de cette politique. En Algérie, en Afrique, en Indonésie, au Pakistan, en Inde, les mosquées ont poussé et les groupes fanatiques ont semé le désordre, la haine et la guerre civile. La poussée islamique n'est pas l'expression de la guerre des pauvres, elle a porté la guerre chez les pauvres, entre les pauvres. On avait pu croire que le pouvoir religieux d'Iran avait porté l'horreur du système à son paroxysme. Ce n'était rien. Nous ne connaissions pas les taliban afghans !

On ne peut évoquer le conflit israélo-palestinien en feignant d'ignorer cette autre guerre. Israël pouvait et peut encore négocier avec les nationalistes classiques de l'OLP, mais les islamistes, eux, n'admettent aucun compromis. Pourtant, aucun gouvernement israélien n'a jamais levé la main sur les libertés religieuses des musulmans, arabes israéliens et palestiniens des territoires. L'armée et la police se sont toujours déployées quand des groupes de fanatiques juifs tentaient de s'en prendre aux mosquées. Fanatiques, au demeurant très minoritaires, puisque les rabbins les plus orthodoxes, même ceux qui rêvent de coloniser la totalité de l'espace biblique, se montrent respectueux de la religion qui leur fait face. Israël a même favorisé l'islam ! Imprégnés de culture allemande, ses premiers dirigeants jugeaient naturel de confier les actes civils et une bonne partie de l'enseignement aux rabbins pour les juifs et aux imams pour les musulmans. En annexant Jérusalem après 1967, ils ont assuré un statut extra-territorial aux lieux saints de l'islam. À l'époque où le terrorisme était le fait des organisations laïques, Fatah et FPLP, les dirigeants israéliens ont cru bon de chercher des interlocuteurs religieux. Le seul reproche que l'on puisse leur faire, c'est d'être allés trop loin dans cette voie !

Ainsi Moshé Dayan, puis Ariel Sharon ont-ils favorisé l'installation à Gaza des intégristes musulmans expulsés d'Égypte ! Leur objectif était de trouver une autre légitimité palestinienne que celle de l'OLP, qui refusait alors de renoncer au terrorisme et à sa charte qui impliquait la destruction d'Israël.

La culture historique du sionisme étant ce qu'elle est, après avoir traité la question religieuse avec des principes hérités de Bismarck, beaucoup de dirigeants israéliens ont imaginé de traiter la question nationale palestinienne avec l'esprit de François-Joseph. Les libertés individuelles, le respect des cultes, la reconnaissance des chefs religieux et des notables et même, à terme, le suffrage universel dans les villages et zones d'autonomie, mais pas de véritable reconnaissance nationale ! Le sionisme est né en Autriche-Hongrie, sous François-Joseph, et il en reste quelque chose.

Israël peut aujourd'hui regretter d'avoir accordé plus d'attention à l'identité religieuse musulmane qu'à la revendication nationale palestinienne.

Chez les Palestiniens, la montée de l'intégrisme musulman a pour effet de rendre plus difficile encore l'émergence d'une identité nationale. La particularité de la nation palestinienne, c'est de s'être affirmée dans l'exil, et cette manière d'exister ne connaît qu'un seul précédent remarquable dans l'histoire de la renaissance nationale juive. Autorité extérieure, commandement militaire et longtemps pétaudière politique, l'OLP était peu ou prou parvenue à incarner la nation, mais ses cadres, ses fondateurs, étaient plus souvent issus de l'émigration que des territoires occupés. La première Intifada semblait avoir démontré aux dirigeants israéliens que l'on ne pouvait pas séparer l'intérieur, avec ses notables et ses chefs religieux, de l'extérieur, c'est-à-dire l'OLP. Par le processus de paix, les dirigeants rentrés d'exil sont devenus les représentants de la population des territoires.

Mais à peine les Palestiniens avaient-ils un embryon d'autorité civile, une expression politique enfin reconnue, que cette autorité se trouvait contestée par celle d'un chef religieux. Et dès le lendemain d'Oslo, ce chef religieux dénonçait tous les accords passés au nom du peuple palestinien en prônant la lutte armée, en exhortant les fidèles à combattre pour récupérer la totalité de la Palestine. Les chefs de l'OLP n'étaient pas habitués à se confronter au mouvement du peuple qu'ils représentaient. Ils avaient vécu quarante années de camps en bases militaires et, jusque-là, ils réglaient leurs divergences à coups de kalachnikov. À l'exception de quelques personnalités, comme Fayçal El Husseini qui vivait depuis plusieurs années à Jérusalem, ils n'avaient que peu de contacts avec la société civile palestinienne.

L'image que les chefs palestiniens ramenaient au pays, la figure emblématique du Palestinien demeurait celle du guerrier, qui n'avait gardé du fellah que le keffieh et ne connaissait d'autre vêtement que l'uniforme de combat. Yasser Arafat tenait même à incarner physiquement cette figure emblématique, à chaque instant de sa vie publique.

Lorsque Rabin et Pérès attendaient le président palestinien pour recevoir avec lui le prix Nobel de la paix, on a pu entendre Rabin soupirer : « Mais... il est en uniforme ! » Et encore, Arafat avait-il, pour une fois, laissé son légendaire revolver au vestiaire. Devenu Premier ministre, le général Rabin portait toujours des habits civils. Arafat n'a pas jugé utile de changer sa garde-robe ! C'est sa légitimité. Et le peuple des territoires s'est trouvé devant deux chefs, l'un en uniforme de combattant, l'autre portant la barbe et l'habit du religieux. Cette double image porte la culture nationale palestinienne : l'équipée militaire de l'extérieur, la ferveur musulmane, comme refuge identitaire pour ceux de l'intérieur. Les uns se sont affirmés par le fusil, les autres par le Coran, la tentation est grande de réunir l'un et l'autre.

Comment ne pas remarquer que, dans le flot continu d'informations qui nous parviennent, il est rarement question des problèmes concrets des populations palestiniennes. Il faut un bouclage des territoires pour que l'on évoque la migration quotidienne des ouvriers partant travailler en Israël. Nous découvrons l'existence d'une université palestinienne lorsqu'elle est fermée pour cause de trouble. Mais entre la mise en place de l'Autorité palestinienne et le retour de la violence, nous ne savons pas grand-chose de ce qui a été fait dans les territoires, sinon qu'il existe une police et qu'une bureaucratie s'est mise en place. Quel est le projet économique, social, politique de l'Autorité ? Faute de projets et de réalisations, Yasser Arafat et son gouvernement ne peuvent installer un pouvoir dont légitimité reposerait sur l'organisation de la société palestinienne et non plus sur les ordres militaires ou religieux.

La course à la légitimité, entre l'OLP et les organisations religieuses, doit beaucoup à cette absence de références civiles et cette course s'est transformée en fuite en avant vers la violence. Les Israéliens ont, sans conteste, leur part de responsabilité. Ils ont retardé leur départ des territoires, maintenu des colonies comme autant de provocations inutiles et ils ont même créé de nouvelles implantations. Mais si les Palestiniens s'étaient engagés dans un processus de construction nationale, de développement pacifique, la droite israélienne ne se serait jamais relevée, l'opinion n'aurait pas été aussi incertaine et les élections n'auraient pas fait de la Knesset une chambre dont les majorités sont si alambiquées qu'elles feraient passer feu notre IVe République pour un régime stable.

En vérité Israël se trouve en face d'une nation improbable, avec des chefs militaires qui n'ont pas renoncé aux rêves insensés d'une reconquête totale et des prédicateurs religieux qui tiennent toute présence juive pour une souillure. La situation coloniale classique se trouve renversée : le dominant est une nation qui s'est enracinée sur place, le dominé s'est affirmé à l'extérieur et il entretient des rapports d'autant plus difficiles avec son peuple qu'il doit son autorité légale à un accord passé avec l'adversaire !

4

La force naît de l'histoire

Nos épistoliers valident, à leur façon, la fable qui légitime l'islamisme, eux qui nous répètent sans cesse que les Arabes ont été humiliés par les juifs. Il ne s'agit plus seulement du pauvre et du riche, mais du faible et du fort, le tout assorti d'une notion floue et ambiguë, l'humiliation. Il y a bien, pour les Palestiniens qui se déplacent des territoires vers leur lieu de travail en Israël, des situations vexatoires répétitives que sont les contrôles avec fouille au corps. Tant que le terrorisme existera, tant qu'un homme pourra poser une bombe dans un lieu public ou se transformer lui-même en machine de guerre chargée d'explosifs, il sera difficile d'échapper au dispositif de sécurité permanent, à ses barrages et à ses fouilles.

Dans les territoires autonomes, quand les dirigeants palestiniens sont, à leur tour, menacés par le Hamas ou le Jihad, leur police emploie les mêmes méthodes, auxquelles elle ajoute volontiers la torture, pratique interdite en Israël et dont chaque manifestation provoque un scandale.

Cependant, lorsque l'on nous parle de l'humiliation des Arabes, voire des musulmans, il est moins question de cette réalité quotidienne de la guerre que d'un sentiment né du triomphe d'une nation sur l'autre. Épistoliers et chroniqueurs n'ont de cesse d'évoquer la force d'Israël et de son armée, face à des populations palestiniennes démunies et vivant souvent dans la précarité.

Ne se demandent-ils jamais pourquoi, dans le choc de deux nations, l'une a triomphé de l'autre ? Comment les juifs sont-ils parvenus à imposer leur État et comment cet État a-t-il pu, dès sa naissance, riposter à l'attaque de ses adversaires ? Israël n'est pas né du jour au lendemain avec ses armes. Ce fut un long processus d'affirmation nationale.

Les pionniers n'ont pas pris pied sur la terre promise pour humilier les Arabes. Leur installation n'avait rien d'une expédition coloniale, il n'y a pas eu de débarquement massif de troupes sous la férule d'un clone juif du général Bugeaud !

Il y a eu des vagues successives d'immigration, depuis le début du siècle, avant la déclaration de Balfour et l'arrivée des Britanniques. Ces immigrés étaient pacifiques et ils n'étaient même pas armés, leur histoire n'a rien de mystérieux, elle a été maintes fois décrite depuis les reportages d'Albert Londres, ces modèles du journalisme. Et Albert Londres évoque, dans *Le Juif errant est arrivé*, la misère des nouveaux immigrants en même temps que leur enthousiasme, leur volonté, qui les conduits à effectuer des travaux pénibles auxquels ils ne sont pas toujours préparés.

Un autre voyageur de l'époque, le futur colonel T. E. Lawrence, s'étonne, lui, de voir ces nouveaux paysans juifs travailler aussi durement pour un rendement sans rapport avec leur investissement.

Mais on nous soutiendra, sans doute, que l'on sait,

depuis Pierre Dac, que la représentation de la cueillette des oranges en Basse-Galilée peut fort bien accompagner la prise de la smala d'Abdel Kader par les troupes du duc d'Aumale ! Plus sérieusement, on évoque Israël comme si sa force démesurée face aux Palestiniens constituait une injustice prédéterminée, fabriquée de l'extérieur, on parle d'une « entité sioniste », comme si elle avait été placée du jour au lendemain sur le sol de Palestine ! Croit-on vraiment que les juifs se sont imposés en complotant, en jouant d'influences occultes auprès des puissances, à l'époque où ils étaient persécutés en Europe orientale, puis en Allemagne et, pour finir, dans toute l'Europe occupée ?

On nous dira qu'ils disposaient de l'argent juif, ce qui n'est pas tout à fait faux, à la condition de préciser qu'il s'agissait d'une collecte organisée dans le monde entier, qui a pris de l'ampleur à mesure du développement du foyer juif en Palestine et des persécutions en Europe. Et ce n'était pas un impôt révolutionnaire collecté par la force, mais une contribution volontaire. On nous répétera que les juifs les plus fortunés et notamment les Rothschild ont apporté des capitaux, ce qui est exact, mais on ne se demandera pas comment et pourquoi les dirigeants sionistes sont parvenus à les convaincre. Cent ans plus tard, l'Autorité palestinienne n'emporte toujours pas la même conviction auprès des financiers arabes qui ne sont pas moins fortunés que les Rothschild. La solidarité arabe n'a donné aux Palestiniens que des camps de réfugiés, des proclamations guerrières, quelques armes et des centres de formations pour les imams du fanatisme.

La puissance d'Israël ne vient ni de l'argent, ni même de la fortune, quatre fois répétée, de ses armes. Elle vient de la conviction du peuple juif.

L'image de la puissance d'Israël est née de son éclatant succès militaire de 1967, celui dont résulte l'occupation de la Cisjordanie et de Gaza. Mais à cette époque, Israël affrontait un triple ennemi, qui n'était pas seulement supérieur par le nombre de ses soldats, mais qui disposait, aussi, de tous les atouts. L'Égypte, la Syrie et la Jordanie alignaient bien plus de blindés, de canons et d'avions que l'armée d'Israël. Elles avaient l'avantage géographique. Sur mer, Nasser avait interdit le canal de Suez aux navires ravitaillant Israël et il avait fermé les détroits de la mer Rouge pour asphyxier le port d'Eilat. Sur terre, les trois armées coalisées tenaient les hauteurs, le plateau du Golan, les monts de Judée et les montagnes du Sinaï. Elles s'étaient préparés à la guerre, on avait vu Nasser appeler à la guerre sainte et la foule du Caire scandait le mot Jihad. Nasser avait en outre demandé et obtenu le départ des Casques bleus installés dans le Sinaï après les affrontements précédents.

Les trois armées étaient massées aux frontières avec leurs chars et leur artillerie. Israël n'a pas attendu, a pris l'offensive sur les trois fronts et a triomphé en six jours.

Cette victoire ne venait pas d'une supériorité technologique qui n'avait alors rien d'évident. Au même moment, celle, écrasante, des Américains eux-mêmes était tenue en échec au Vietnam. Les B52 et les commandos de chocs héliportés étaient impuissants face à la détermination des Vietnamiens. Comme, plus tard, « l'invincible » Armée rouge devait être défaite par les moudjahidin en Afghanistan.

Nul ne connaît mieux que les Français les raisons de la victoire de Tsahal en 1967 : l'élan d'une nation en marche, allié à l'audace et au génie militaire de ses généraux. La guerre des Six-Jours avait quelque chose de Valmy et des premières campagnes de Bonaparte. Comme la France révolutionnaire, Israël affrontait une coalition qui croyait vaincre par le nombre. Et les soldats de Nasser ont fui dans le Sinaï, épouvantés par la détermination des troupes de Dayan, comme les Prussiens avaient fui à Valmy devant cette armée de volontaires qui descendait vers eux en criant : « Vive la nation ».

Le roi Hussein de Jordanie reconnaît dans ses Mémoires qu'il s'est trouvé lui-même encerclé en se portant, courageusement, en première ligne : comme l'empereur d'Autriche et le Tsar de Russie à Austerlitz, il croyait que son ennemi était devant lui quand il était déjà derrière.

Ceux qui nous soutiennent que les Israéliens humilient les Arabes devraient savoir que, ce jour-là, le général Rabin, informé de l'encerclement du roi de Jordanie, a fait retirer les bataillons les plus avancés pour lui permettre de repasser le Jourdain. Il ménageait, certes, un partenaire qui pouvait se révéler précieux, mais il évitait surtout de présenter aux populations, déjà affolées, de Cisjordanie, l'image humiliante d'un monarque prisonnier. La victoire fut une fête, les retrouvailles avec Jérusalem et le mur des Lamentations un moment d'émotion intense, mais les principaux dirigeants gardaient la tête froide.

La première mise en garde contre les tentations dominatrices nées de cette victoire fut celle du général de Gaulle. Il comprenait parfaitement les raisons du succès de Tsahal. Et par sa fameuse phrase il ne cachait pas son admiration pour « ce petit peuple d'élite, sûr de lui-même », certes « dominateur », mais dont les généraux avaient su prendre l'initiative, portés par un élan patriotique, semblable à celui qu'un certain colonel de Gaulle avait attendu, en vain, quand il se battait sur la Somme en 1940. Pourquoi une même nation produit-elle, à certains moments, un Bonaparte et à d'autres un Gamelin ?

Pourquoi cet élan d'un côté et la débandade de l'autre ? Et pourquoi les mêmes armées arabes ont-elles été de nouveau vaincues quand, en 1973, profitant de la fête juive de Yom Kippour, elles ont à leur tour tenté une attaque surprise ?

Simplement, parce que ni la nation arabe, ni la nation palestinienne ne se sont véritablement constituées. Longtemps, ce fut la première et non la seconde que l'on opposait à Israël, pour d'évidentes raisons dont les carnets du colonel Lawrence attestent. Avant l'installation des juifs, il y avait des habitants dans ce qui devait constituer ultérieurement la Palestine sous mandat britannique, mais il n'existait pas, entre eux, de liens politiques et même culturels pour qu'ils se constituent en nation. Certains d'entre eux pouvaient avoir un sentiment d'appartenance qui les liait aux Arabes en général, mais pour rassembler les Arabes, une première fois, il a fallu qu'intervienne l'agent d'une puissance étrangère, le colonel Lawrence.

Lorsque l'officier de sa gracieuse majesté effectue sa première mission, juste avant la guerre de 1914, il y a d'autant moins d'identité palestinienne que cette entité n'existe pas dans l'espace ottoman. Dans le premier carnet de voyage de Lawrence, la traversée de la Terre Sainte figure au chapitre « Syrie », puisqu'elle elle fait partie de la province ottomane de Syrie.

Lawrence distingue des populations très diversifiées : des chrétiens, des druzes, des musulmans sédentaires et des bédouins. À ses yeux, certains sont clairement turcs, d'autres sont plus évidemment arabes. Mais il y a là des

Cooptes venus d'Égypte et des chrétiens arméniens. Il y a même ce que Lawrence appelle des « villages algériens », c'est-à-dire des paysans arabes, sans doute dépossédés par le colonialisme français, ou qui ont préféré vivre sous la tutelle de la seule puissance musulmane de l'époque, l'Empire ottoman. L'Islam peut d'autant moins être le catalyseur de la libération nationale que c'est alors la religion de la puissance occupante. La vieille ville de Jérusalem, surmontée par ses mosquées, n'est rien d'autre qu'une citadelle turque, construite au XIVe siècle, pour dissuader les chrétiens de toute nouvelle entreprise de Croisade.

Dans ses voyages, Lawrence distingue aussi deux types de villages juifs, ceux de Galilée dont la population, dit-il, parle l'hébreu et l'arabe et ceux du Sud, dont un agent britannique de 1914 ne saurait apprécier le « sabir allemand », qui est en fait le yiddish. Parallèlement au mouvement sioniste d'Europe, il y avait eu, dans le monde turc du XIXe siècle, un mouvement de retour des juifs à Jérusalem et en Galilée, mouvement encouragé par le Sultan. Le désir du retour s'était donc manifesté, aussi, chez des juifs qui n'avaient jamais entendu parler de Theodor Herzl ou de Gershom Sholem. Cette seconde source du peuplement d'Israël atteste de ce que le sionisme n'est pas une simple construction idéologique. À toutes les époques, des individus, des familles, des mouvements politiques ont pris à la lettre le vœu que l'on répète à chaque grande fête, à Kippour comme à Pessah, l'An prochain à Jérusalem.

Je suis quant à moi toujours surpris lorsque les détracteurs d'Israël, même quand ils sont, en principe, spécialistes du Proche-Orient, affichent une telle méconnaissance de ce qui a fondé l'identité juive, c'est-à-dire le judaïsme lui-même, dont les prières se tournent chaque jour vers Jérusalem. Mais certains ne l'ignorent pas tout à fait, eux qui évoquent « la politique de Tel-Aviv », pour ne pas nommer la capitale historique, Jérusalem, où se trouvent pourtant la Knesset et le gouvernement, d'ailleurs établis dans la partie de la ville où leur souveraineté n'est pas contestée.

Parfaitement neutre entre Arabes et juifs, Lawrence est un témoin précieux, lui qui ne se soucie que des intérêts de la couronne britannique. Il tentera même, plus tard, de faire signer un accord entre l'émir Fayçal et Haïm Weizmann, parce qu'il est persuadé que l'immigration des juifs sera un facteur de développement pour la nation arabe. Cela semble étrange, surréaliste, aujourd'hui, mais Lawrence et Balfour pensaient de cette manière. Le pays était peu peuplé et il y avait d'autant moins d'unité des populations arabes ou turques que seuls les marchands bédouins se déplaçaient d'une région à l'autre.

L'arrivée des juifs et le mandat britannique devaient rendre une certaine unité au territoire biblique. Les musulmans évoquaient et révéraient les lieux saints de l'Islam, c'est-à-dire les mosquées de Jérusalem, le rocher du prophète, mais ils ne se référaient pas à l'espace des anciens royaumes d'Israël et de Judée.

La Terre promise est une notion juive, la Terre sainte une notion chrétienne, la Palestine un protectorat britannique.

Quand Lawrence d'Arabie entre pour la première fois dans Jérusalem, qui ne s'est pas encore développée de part et d'autre des remparts, il est choqué de trouver là une population mercantile, vivant sur le dos des pèlerins des trois religions. Jérusalem est alors un lieu de passage et de culte et non la capitale d'une entité, fut-elle régionale.

En fait, tout le pays n'est qu'une double friche où deux nations vont s'affirmer, mais celle qui s'affirme la première est constituée d'immigrants. On ne peut pourtant pas prétendre que cette avance de la conscience nationale juive sur celle des Palestiniens vient d'une quelconque préférence affichée du protecteur britannique.

La déclaration de Lord Balfour en faveur du foyer national juif suit de quelques jours la prise de Jérusalem par le général Allenby, appuyé par les troupes arabes organisées par Lawrence. Belle image de cinéma s'il en fut que cette chevauchée des cavaliers du désert ! Les Arabes auxquels Lawrence promet Jérusalem – dans le film, mais un peu moins nettement dans l'histoire – n'ont pas grand rapport avec les paysans de Palestine. Ils viennent de la péninsule d'Arabie et, au plus près, de Transjordanie et leurs chefs sont les aïeux des souverains de Ryad et d'Aman.

Ce que l'officier britannique tente de mettre en œuvre n'est rien moins que l'unification, la restauration d'une grande nation arabe, dont le souverain légitime semble être l'émir Fayçal. Le War Office permettra à Lawrence de rêver, tant que les Arabes lui paraîtront utiles dans la guerre contre les Turcs, il utilisera de nouveau les guerriers arabes quand il craindra la contagion bolchevique, venue du Caucase si proche. Mais dans toutes ces manœuvres, dans tous ces projets, il s'agit de nation arabe et en aucun cas de nation palestinienne.

La faiblesse des Palestiniens vient, d'abord, de ce qu'ils ne se sont affirmés que très récemment en tant que nation distincte de l'ensemble arabe. Ils n'ont pas été enrôlés pour une cause extérieure, ils se sont eux-mêmes définis comme les ressortissants d'une vaste nation.

Il en fut ainsi quand, à Londres, on imaginait la grande nation arabe en alliée et vassale de la couronne britannique. Mais quand cette même nation devait donner naissance à la République arabe unie, grandiose projet de Nasser, les Palestiniens étaient à peine plus autonomes. L'affirmation positive venait toujours de l'extérieur, elle était liée aux rêves d'unité arabe, tout le monde parlait à la place des Palestiniens, la Ligue arabe, les souverains de Jordanie, le raïs de l'Égypte et tous les autres guides possibles et imaginables poursuivant la chimère de l'unification politique des peuples arabes.

L'OLP elle-même a été créée au Caire, en 1964, pour servir ce projet grandiose et, dans ses premières déclarations, elle ne revendique pas la création d'un État palestinien, elle entend intégrer la Palestine à une nation arabe unifiée. Son chef, Ahmed Choukeyri, ne cesse de répéter que son but est de mettre les juifs à la mer et il promet un bain de sang. Pourquoi l'OLP revendiquerait-elle, en 1964, un État que les Palestiniens ont refusé lors du plan de partage de 1947 ? Car c'est le Congrès palestinien, assemblée de notables, qui a demandé le rattachement de la Cisjordanie au royaume hachémite.

Certes, ce rattachement arrangeait tout le monde, à commencer par les dirigeants israéliens, qui l'avaient souhaité et qui avaient envoyé Golda Meir en négocier le principe avec le roi Abdallah.

Ben Gourion pensait, comme la plupart des chefs d'État de l'époque, que la réunion de la Cisjordanie au royaume de Transjordanie réglait la question palestinienne. Ce n'était plus, à ses yeux, le problème d'Israël qui pouvait, dès lors, établir une citoyenneté pour les Arabes demeurés sur son sol.

Cette politique n'a pas trop mal fonctionné dans les

villages de Galilée où, en dépit des rancœurs et des frustrations, les paysans ont pu bénéficier d'une élévation de leur niveau de vie. Ceux qui à l'intérieur d'Israël se revendiquaient comme Palestiniens ne s'affirmaient que par le refus de voir construire un État juif. Et le terme même de « Palestinien » ne s'est chargé de sens politique que lorsque le terme « Israélien » a existé.

Dans les années trente, le mot Palestine était essentiellement employé par les organisations juives, qui collectaient des fonds pour les implantations et organisaient les départs et les passages quand les Anglais contrôlaient et contingentaient l'immigration. Un Palestinien, c'était alors un juif qui avait obtenu un passeport délivré par les autorités britanniques. À cette époque, ce sont les organisations juives qui ont revendiqué l'indépendance de la Palestine.

Les populations arabes ne se sont jamais organisées en mouvement de libération nationale pour se libérer du colonialisme britannique. Il s'est seulement trouvé quelques chefs religieux, dont le muphti de Jérusalem, pour imaginer que l'Allemagne nazie pouvait les débarrasser tout à la fois des juifs et des Anglais. Mais, après tout, il s'était aussi trouvé des dirigeants sionistes pour tenter de convaincre Hitler que le meilleur moyen de vider l'Allemagne et l'Europe de leurs juifs, c'était de les envoyer en Palestine !

L'absence d'affirmation palestinienne face à la colonisation britannique a laissé d'un côté une population désorganisée, attendant le secours de l'extérieur, de l'autre une nation constituée qui pouvait, en 1948, proclamer un État et le faire reconnaître par l'ONU. Et la nation palestinienne s'est affirmée comme telle en réaction à la création d'Israël, réunissant à la hâte deux congrès de notables pour, finalement, s'intégrer à la Jordanie.

Ce sont les faits, ils ne justifient pas l'injustice, ils n'autorisent pas à différer éternellement la création d'un État palestinien indépendant. Mais la force d'Israël n'est pas en elle-même une injustice née d'une quelconque ruse de l'histoire. Elle est issue d'une logique historique.

Sans doute cette logique n'a-t-elle pas la lisibilité des mouvements nationaux qui, d'ordinaire, partent d'un peuple installé sur sa terre et qui lutte contre une colonisation ou une occupation temporaire. L'histoire des juifs ignore les situations claires et simples. Il se peut que les cartésiens y perdent le latin de leur cogito, mais les juifs y retrouvent l'hébreu de leur Talmud. Si Israël est le seul État qui puisse se renforcer en étant, à tous moments, remis en question, c'est que la culture juive est fondée sur les quatre mille questions talmudiques. La force de l'État juif résulte d'un processus improbable qui fut toujours contesté mais ce processus a été porté par les juifs eux-mêmes. Les Palestiniens se sont affaiblis parce qu'ils s'en sont remis à des forces extérieures dont ils imaginaient qu'elles balaieraient sans mal cette chose étrange construite par les juifs.

5

La pensée de Staline renaît à Durban

Le principe même de la lettre aux juifs, c'est de valoriser une histoire, une tradition que l'on croit connaître pour l'opposer à la turpitude contemporaine du judaïsme, le sionisme. Tout juif qui tente de comprendre ce qui se passe au Proche-Orient est aussitôt suspect. Me voici donc sioniste. Cela ferait sans doute plaisir à mon grand-père, militant du Poale Zion, mais je ne crois pas l'être. Faut-il encore le répéter, le sionisme relève d'une démarche précise, dont on ne peut se revendiquer sans passer à l'acte et s'installer en Israël. Il n'y a plus d'administration britannique pour limiter l'immigration, ni de bateau errant de port en port, jusqu'au moment où Paul Newman en personne prend les choses en main. Donc, nous pouvons choisir et mon choix est de demeurer ce que la naissance, l'école, la culture ont fait de moi. Un Français, tout ce qu'il y a de plus parigot. Mais quand on fait passer le sionisme pour un crime, je sens le froid du métal sur ma nuque.

Sioniste, cela valait une seule balle, dans la cave de la Lioublianka.

La pensée de Staline est toujours renaissante, écrivait le pauvre Paul Éluard quand il fut atteint d'une sorte de gâtisme intellectuel, maladie qui n'a pas tout à fait disparu. Mais il ne se trompait pas, la pensée de Staline s'est imposée dans une conférence des Nations Unies, à Durban, en Afrique du Sud.

Cette conférence de Durban devait doter les Nations Unies d'une lecture universelle de l'histoire du racisme, c'était un projet grandiose et pour tout dire extravagant. Au lieu de cela, en l'absence de conclusions unanimes, elle a élevé le sionisme au rang d'idéologie et de pratique criminelle, comparable à la traite des Noirs et, c'est bien le comble, à l'extermination des juifs ! Pourquoi ne pas rappeler, pendant que nous y sommes, que le sionisme, idéologie criminelle, a inspiré le complot des blouses blanches, ces médecins juifs de Moscou accusés d'avoir tenté d'empoisonner le camarade Staline en personne !

Nous ne sommes pas très loin de cet esprit quand l'État d'Israël devient le seul État au monde dont le principe national mérite une condamnation universelle. Le sionisme n'est rien d'autre que l'affirmation du fait national juif, une idéologie nationale et patriotique comparable à toutes celles qui ont fondé tous les États-nations. À Durban, personne ne songeait à condamner l'idéologie d'un pays, la France, dont l'hymne national appelle à répandre le sang impur ! Pour Rouget de L'Isle, il s'agissait du sang des aristocrates, mais lors des expéditions coloniales et pendant la guerre de 1914, les Français l'interprétaient autrement, ils faisaient couler le sang impur des sauvages qui leur résistaient et celui des Boches qui prétendaient germaniser nos plaines.

À l'époque coloniale, la France, convaincue de la supériorité de son peuple et de sa civilisation, portait, sans nul doute, une idéologie exclusive aux relents racistes, elle a construit sa puissance et consolidé son unité sur cette base. « Français le premier peuple de l'univers », notait ironiquement Flaubert. Toutes les nations se sont affirmées de cette manière.

À l'heure de la décolonisation des dizaines d'États ont été fondés, ils ont défini leur peuple, recherché un mythe national qui pouvait les distinguer des autres. Plus récemment, dans l'ancienne Yougoslavie et dans l'ancienne URSS, des nations se sont combattues et chacune s'est définie en excluant les autres. C'est à cet endroit que l'on a vu surgir la monstrueuse expression de « purification ethnique », politique qui n'était pas seulement l'œuvre de ceux qui s'en réclamaient ouvertement. Et nul ne peut ignorer les multiples conflits raciaux qui, à travers le monde, s'appuient sur des notions du même type ou les mettent en pratique sans les nommer. Azeris contre Arméniens, Hutus contre Tutsis... l'énumération serait, hélas, trop longue et pour tout dire terrifiante. Mais c'est le principe fondateur d'Israël que l'on a voulu condamner à Durban. Et pas seulement à Durban.

L'adjectif sioniste est systématiquement employé dans un sens péjoratif : « entité sioniste », « propagande sioniste ». Au dictionnaire des idées reçues sur Israël et le judaïsme, on peut écrire, à la manière de Flaubert, « sionisme, voir complot » !

Or, le sionisme n'est pas autre chose que la théorie de l'État Juif, théorie qui n'est ni mystérieuse ni secrète : elle a un théoricien fondateur, Theodor Herzl, né à Budapest en 1860, mort en 1904, il a publié à Vienne, en 1896 un ouvrage intitulé l'État juif et organisé en 1897, à Bâle, le premier congrès mondial juif qui adopta le programme sioniste. C'est-à-dire le projet d'un foyer national juif en Palestine, désigné symboliquement par le mont Sion, qui est l'une des collines de Jérusalem évoquée dans la Bible. L'action de Herzl et des premiers sionistes ne fut pas un complot mais une bataille politique publique avec des textes et des congrès. Tout cela a été raconté dans plus d'un livre d'histoire, comme toujours dans cette discipline il y a des interprétations contradictoires, des versions différentes des faits qui ont conduit à la naissance de l'État d'Israël, mais il y a, tout de même, un ensemble de vérités historiques. Dans cette trajectoire, il n'y a ni mystère ni protocole secret, moins encore de magie ou de maléfices.

On peut, sans doute, reprocher au sionisme de distinguer le peuple juif de tous les autres, de le proclamer peuple élu et de justifier ainsi ses droits sur la Terre promise. Cependant, le mythe fondateur du sionisme et d'Israël ne se trouve pas dans quelque sulfureux grimoire mais dans un livre assez connu, traduit en une centaine de langues, c'est-à-dire la Bible. Si l'on veut interdire, pour cause de racisme et de sionisme, tout texte qui soutient que le peuple juif est le peuple élu, que son nom est Israël, qu'il doit se diriger vers le rocher de Sion et élever pour son Dieu, roi de l'univers, un temple à Jérusalem, alors il faudra envoyer au pilon les milliards d'exemplaires de la Bible. Car, enfin, si le peuple juif s'est rendu coupable de quelque outrecuidance dans son histoire, ce n'est pas lorsqu'il a conçu le sionisme, mais lorsqu'il a prétendu que le Dieu révélé à de vulgaires bergers du désert n'était rien moins que l'Unique, l'Éternel, le roi de l'Univers, régnant sur toutes choses et toutes créatures, dans les cieux et sur la terre. Mais pour qui se prenaient-ils, ces juifs !

Le peuple juif a survécu, au long l'histoire, en transmettant de génération en génération le récit biblique. Dans les synagogues, le rituel répète, à chaque shabbat, ce qui fonde l'élection, c'est-à-dire la remise de la Torah, de la loi reçue par Moïse. Le sionisme n'est pas la religion, il s'y est même opposé à plusieurs moments de son histoire, mais il est né, il s'est formé comme idéologie nationale, à partir d'une nouvelle interprétation des textes juifs.

Israël existe parce que le peuple juif a une histoire. On ne devrait pas avoir besoin d'énoncer pareille lapalissade, mais il y a tant de gens qui, comme Roger Garaudy, veulent décortiquer les « mythes fondateurs » de l'État d'Israël ! Et tous cherchent, dans l'histoire contemporaine, tous visitent, le plus souvent de manière scabreuse ou même ignoble cette histoire contemporaine, en évitant soigneusement d'interroger le judaïsme lui-même.

Le judaïsme est, pourtant, la religion du texte, celle du récit et de la loi écrite. Et tout est écrit, il suffit de lire ! La singularité du judaïsme, c'est d'être la religion d'un peuple et, avant toutes les formes de laïcisation du phénomène national juif, et il y en eût plusieurs, la religion juive fonctionnait comme l'expression d'une conscience nationale. Elle était même l'organisatrice de la nation dispersée depuis la destruction du second Temple.

Le judaïsme est constitué de lois, avec une architecture du droit dont les États modernes se sont inspirés. Il y a une constitution, inscrite sur les tables de la Loi, un code civil et un code pénal contenus dans le Talmud. Et il y a un récit national, depuis l'époque fondatrice rassemblée dans le Pentateuque jusqu'à la période des Juges et celle du Sanhédrin, avant la dispersion. Tous ces textes sont connus, publics, repris, au moins partiellement, par les autres religions du livre et pourtant l'antisionisme fonctionne comme les anciennes formes de l'antisémitisme, en évoquant un mystère, un complot, qui ne serait pas visible dans les textes fondateurs du judaïsme !

Le mystère est un dogme chrétien, parfaitement étranger au judaïsme. Pour la tradition juive, il n'entre même pas dans les treize attributs de Dieu. Pour un juif croyant, les voies du seigneur ne sont pas impénétrables, au contraire, il doit passer sa vie à étudier et à comprendre ce que l'Éternel lui ordonne, qui se trouve consigné et commenté dans les livres du Talmud. Et pour ce juif croyant, le salut dépend de l'observance de règles bien précises. Ce qui n'est pas très simple puisqu'il y en a 613 !

Et cette pratique religieuse a structuré un fait national parce qu'une de ses règles de base est l'organisation de la communauté. Il faut réunir au moins dix juifs pour prononcer les prières essentielles. Sans nul doute, les persécutions subies au long des siècles ont-elles renforcé la communauté de destin. Très involontairement, les divers régimes antisémites ont aussi construit la nation, en isolant les juifs, en les obligeant à vivre entre eux, de ghettos en zones de résidences. Pourtant, le sentiment national n'est pas né des seules persécutions.

Le fait national juif existait avant Israël et avant même le sionisme, mais il faut bien admettre que cette vérité heurte l'idée que les Français se font du judaïsme, des juifs et d'eux-mêmes. Enfants de Valmy et de l'abbé Grégoire, les juifs de France sont des Français, pas seulement des citoyens comme aux États-Unis. En dépit de l'affaire Dreyfus et même de Vichy, la politique d'intégration décidée par la Convention a fonctionné sur la base du principe de Grégoire : tout aux juifs en tant qu'individus, rien en tant que nation. Si bien qu'il suffit d'une génération en France pour que les juifs eux-mêmes ne se représentent plus l'idée de la nation juive. Nous appartenons à la République, nous sommes imprégnés de sa culture, de son histoire. L'identité française et l'identité juive cohabitent en chacun de nous, sans trop de heurts. Nous savons bien qu'il existe un nationalisme français antisémite, nous savons ce que furent Maurras et Pétain, mais nous savons, aussi, ce qu'est le bonheur d'être juif en France, dans un pays ou, quoique l'on en dise, l'égalité citoyenne est une réalité. Fils d'immigrés, juifs, nous ne sommes jamais étrangers en France, nous en avons adopté les mœurs et la culture. Mais cela est la plus belle manifestation de l'exception française.

Précisément : c'est parce qu'un procès antisémite s'était déroulé dans ce pays exceptionnel, où un juif avait pu accéder au grade de capitaine, que Theodor Herzl, homme des lumières et francophile meurtri, a écrit *L'État juif*, qu'il a publié quelques mois après la condamnation d'Alfred Dreyfus. Et si moins d'un an sépare la publication de l'ouvrage fondateur du premier congrès juif de Bâle, c'est qu'il existait un sentiment national et un mouvement national en gestation.

Nos grands-parents, eux, n'étaient ni polonais, ni russes, ni même autrichiens, ils étaient juifs. Leur nation n'avait pas de territoire défini mais elle avait, dans l'Empire russe une zone de résidence, espace désigné négativement par les restrictions mises à liberté de circulation dans la Sainte Russie. De ville en ville, les juifs communiquaient et l'archipel de communautés de l'Europe orientale trouvait ainsi une certaine unité. Outre la religion commune, une culture juive s'est développée, ce qui était d'autant plus naturel que les juifs avaient deux langues identitaires, l'hébreu de la prière et de l'étude, le yiddish de la vie sociale et communautaire, devenu, au XIXe siècle, une langue littéraire, avec ses écrivains, ses poètes et son théâtre. Les différents interdits professionnels prononcés contre eux amenaient aussi les juifs à travailler entre eux, à se retrouver en de véritables communautés professionnelles, au sein desquelles des mouvements d'entraide et des syndicats ont vu le jour dans la seconde moitié du XIXe siècle. Il y avait un mouvement ouvrier juif, parce qu'à l'heure de l'industrialisation, ceux qui travaillaient dans les ateliers et les grandes fabriques devaient affronter tout à la fois le patronat et l'hostilité des ouvriers polonais, russes ou ukrainiens.

Le sionisme s'est enraciné très rapidement dans cet espace de la vie juive de l'Empire russe.

Si l'on porte quelque crédit aux archives enfin accessibles à Moscou, à la veille de la révolution de 1917, les partis sionistes comptaient deux fois plus d'adhérents en Russie que les Bolcheviks et les Mencheviks réunis. À quoi l'on peut ajouter les effectifs du Bund – parti ouvrier socialiste juif, militant pour l'affirmation nationale à l'intérieur de la Russie – qui étaient supérieurs à ceux des partis menchevik et bolchevik. Même si les rapports de la police du Tsar cultivaient une évidente tendance à amplifier le rôle des juifs dans l'agitation politique, ils confirment l'importance prise en vingt ans, de 1897 à 1917, par le mouvement national juif de Russie.

Les juifs de Russie, qui furent les premiers bâtisseurs d'Israël, ne se découvraient pas en tant que nation.

Ils vivaient déjà en nation, coupés d'une population hostile, liés par des solidarités économiques, par une langue et par une culture qui ne se réduisait pas à la seule pratique religieuse. Les récits et les souvenirs d'Isaac Bashevis Singer évoquent ce monde perdu, cette nation autonome qui, par exemple, assurait elle-même sa justice civile. Singer raconte comment son père rendait la justice, à partir d'un droit écrit, d'une jurisprudence talmudique.

En Russie, au sein du mouvement politique juif, la principale ligne de partage n'était pas dessinée par le choix entre l'intégration et l'affirmation de la spécificité juive. Il n'y avait qu'une poignée d'intellectuels et de bourgeois éclairés pour imaginer que la modernisation révolutionnaire pouvait permettre une émancipation comparable à celle que connaissaient les juifs d'Allemagne et d'Autriche-Hongrie, et l'on risquait de passer pour un illuminé en imaginant une intégration comparable à celle de la France ou de l'Angleterre. Cette minorité de juifs misant sur l'intégration au mouvement russe a, certes, joué un rôle considérable, produit des personnalités marquantes, comme le dirigeant menchevik Martov ou, bien sûr, les grandes figures de la future révolution communiste, Kamenev, Zinoviev et Trotski. Mais la grande masse des juifs se partageait, elle, entre le Poale Zion et le Bund. En Russie, l'existence de la nation juive relevait de l'évidence. On se demandait seulement si elle devait se transporter en Palestine où affirmer son autonomie à l'intérieur d'une future fédération socialiste de Russie. Quand cette fédération a été proclamée, Lénine s'est chargé de régler le sort des autonomistes juifs du Bund, il les a fait fusiller ou déporter. Par la suite, Staline a fait subir le même sort à ceux des juifs qui avaient choisi le bolchevisme.

Les adversaires du sionisme ont toujours manifesté leur ignorance du fait national juif, en tenant Israël pour une création artificielle. Ils ont cru que des immigrations aussi disparates que les séfarades et les ashkénazes, ou, plus récemment, les Falashas et les juifs d'URSS, ne parviendraient jamais à trouver une culture commune. Ce ne fut pas et ce n'est pas exempt de difficultés, mais force est de constater qu'Israël est une nation solide qui a, pour le moins, prouvé sa capacité à s'unir pour se défendre. Chaque fois qu'une nouvelle immigration s'installe en Israël, on annonce le déchirement du tissus social, la fin de l'unité nationale. On prédisait des heurts, entre les Allemands, arrivés après 1933 et les Russes, installés depuis 1905, entre les séfarades et les ashkénazes, entre les Israéliens intégrés et l'énorme masse des juifs soviétiques... Il y a eu, il y a des conflits. Israël rassemble une incroyable diversité de modes de vie, et trouve pourtant son unité. Simplement, parce que la culture commune à tous les juifs s'est, partout, retrouvée, d'une manière ou d'une autre, à différentes époques, dans le projet sioniste.

Le journal de Franz Kafka, par exemple, atteste des sentiments d'un juif vivant dans une ville, Prague, où se trouve la plus vieille synagogue d'Europe, où juifs et tchèques vivaient assez bien ensemble, depuis plusieurs siècles. Kafka était un immense écrivain allemand, il rêvait de la vie intellectuelle de Vienne, à une époque extraordinaire pour les artistes, les écrivains et les intellectuels juifs. Et pourtant, Kafka, qui ne connaissait rien du mauvais peintre refusé par l'école des Beaux-Arts de Vienne, qui avait peut-être, sait-on jamais, croisé ce petit monsieur Adolf Hitler en se promenant en compagnie de Max Brod sur le Graben viennois, Kafka était fasciné par le sionisme, il s'en voulait de ne pouvoir partager cette destinée juive du retour à Sion. Il admirait l'engagement de son ami Max Brod, futur fondateur de la Habimah, théâtre national juif d'Israël. D'une certaine façon, Kafka partagea ce destin, à titre posthume, Brod s'étant chargé de la sauvegarde et de l'édition de son œuvre. Un monde s'écroulait, l'Empire austro-hongrois, les juifs y avaient affirmé leur identité, ils y avaient brillé, et Kafka pressentait qu'il n'y avait pas d'avenir pour le judaïsme en Europe centrale.

Bien sûr, les événements du XXe siècle ont été assez terrifiants pour que des centaines de milliers de juifs n'aient d'autre refuge possible qu'Israël. Il y a bien eu ce que Freud a appelé un « malaise dans la civilisation ». Ce ne furent pas seulement des persécutions, cette fois, mais la destruction de la civilisation juive en Europe, à partir des lieux où les juifs avaient, comme Freud et Kafka, porté la modernité.

Quand Freud écrit *Malaise dans la civilisation*, la Shoah proprement dite, la destruction physique des juifs n'a pas commencé. Il ne peut alors imaginer que les nazis vont occuper toute l'Europe, que des villes marquées par la culture juive, comme Vilno et Salonique, disparaîtront totalement, et que l'on organisera le meurtre à l'échelle du continent.

Freud assiste seulement à la destruction du judaïsme allemand et autrichien, au triomphe de la barbarie. C'est, déjà, un cataclysme.

L'établissement du régime nazi et son extension à l'Autriche signent la fin d'une aventure extraordinaire, celle des intellectuels, des écrivains, des artistes et des savants juifs du monde germanique. Parce que cette aventure historique se termine, une autre prend un nouvel essor, à Tel-Aviv et à Jérusalem, elle suscite un sentiment de solidarité chez les juifs qui ont trouvé refuge aux États-Unis. Obsession des antisionistes, le fameux lobby juif américain fut d'abord le fait de ces juifs prestigieux, venus de Russie, d'Allemagne et d'Autriche et qui militaient pour l'aide à l'édification du foyer national de Palestine.

Qu'est-ce que la passion sioniste d'un Léonard Bernstein, sinon cette réaction d'un enfant de Vienne qui savait que le temps de Gustav Mahler était à jamais révolu ?

On nous répète, on nous serine qu'Israël s'est construit, développé avec le soutien du « lobby juif » américain, comme s'il s'agissait d'un complot de banquiers ! En fait de lobby, c'était une masse d'émigrants qui avaient eu la chance de franchir les grilles d'Ellis Island, qui voyaient ces bateaux que l'on refusait d'accueillir dans le port de New York. Cette masse d'émigrants a constitué une formidable base arrière pour Israël, par un effet de solidarité.

Si la Shoah a tant compté dans l'avènement de l'État d'Israël, ce n'est pas parce que les grands pays ont voulu donner un lot de consolation, mais parce qu'elle a renforcé l'immigration et, surtout, parce qu'elle a provoqué un extraordinaire mouvement de solidarité.

Ce qui surprend le plus dans ces lettres, dans ces textes qui définissent Israël, c'est qu'on le décrit toujours comme une création artificielle, imposée par on ne sait quelle grande puissance – alors que presque toutes s'y opposaient. Or, peu de nations ont été portées par un semblable mouvement de masse, un mouvement qui s'est amplifié en réponse à la catastrophe de l'Europe. À ce moment-là, les juifs se sont sentis, plus que jamais, unis par une communauté de destin.

On imagine que l'on a « donné » une terre aux juifs, comme on veut croire qu'ils ont accepté, par fatalisme, d'entrer dans les chambres à gaz ! On s'indigne quand ce peuple est armé, on s'étonne qu'il ne se soit pas révolté quand il ne l'était pas et quand toutes les armées d'Europe avaient été écrasées.

Au mieux, on admettra que la Shoah a donné un destin commun aux juifs. Mais quand un Roger Garaudy soutient que c'est le mythe fondateur de la nation israélienne, c'est pour nier le mythe et la nation.

Nous atteignons là le sommet de l'absurdité antisioniste : on nie l'affirmation nationale antérieure à la Shoah, on fait de la Shoah le seul acte de naissance d'Israël et bien sûr, on répand les thèses négationnistes, pour prouver que cet acte de naissance n'est qu'une de ces escroqueries dont les juifs sont coutumiers.

Mais le sionisme ne repose pas sur la Shoah. Il n'a pas été fondé par Adolf Hitler mais par Theodor Herzl. Le sionisme était déjà un mouvement de masse, depuis longtemps, quand Hitler vociférait dans une brasserie de Munich devant une poignée de fidèles.

Et dès cette époque, il avait pris corps chez les juifs d'Afrique du Nord et de l'Empire ottoman. Un tel mouvement ne pouvait naître de l'imagination de Théodore Herzl. Il exprimait une renaissance nationale qui s'était affirmée, dans toutes les communautés, au long du XIXe siècle.

Il suffit de se pencher sur les textes juifs pour savoir que les éléments dispersés du peuple juif correspondaient entre eux à toutes les époques, qu'au XVIe siècle les rabbins de Prague n'ignoraient rien des exégètes du Maroc, ou que les érudits de Vilno entretenaient des correspondances avec les talmudistes de Salonique. Dans l'histoire nationale que les juifs connaissaient, partout, il y avait, par exemple, le souvenir de la splendeur d'Espagne. Les communautés séfarades vivaient avec ce souvenir, elles parlaient le judéo-espagnol, mais les communautés ashkénazes connaissaient aussi l'histoire de l'Espagne, ne serait-ce que par l'un des ouvrages essentiels de l'étude juive, adopté par tous les rabbins de l'Est, *Le Guide des égarés*, de Moshé Maïmonide, philosophe et médecin de Cordoue.

Les deux grandes branches du monde juif n'étaient pas aussi séparées qu'on ne le croit. Il y a une synagogue dite des Portugais à Prague, et, dans l'Empire austro-hongrois, comme dans l'Empire russe, il y avait des communautés séfarades au Sud. Il y avait des points de rencontre naturels en Crimée, en Bulgarie, en Roumanie et en Yougoslavie. Les grands empires coloniaux, français et britannique, ont aussi provoqué la rencontre des juifs du Nord et de ceux du Sud, des mouvements comme l'Alliance israélite universelle ont institutionnalisé cette relation. Et le rassemblement d'une masse d'émigrants juifs aux États-Unis a donné un point d'appui au mouvement de solidarité, avant 1933 et surtout après. Et cette solidarité s'imposait d'autant plus que des bateaux entiers d'émigrants, fuyant les persécutions nazies, se voyaient refuser l'autorisation de débarquer à New York, tandis que les Anglais contingentaient sévèrement les entrées en Palestine.

La Shoah n'a fait que renforcer le sentiment d'une destinée nationale commune. Mais ce ne sont pas les nazis qui ont créé la nation juive en cherchant à la détruire. Le sionisme a été d'abord une extraordinaire aventure nationale et culturelle que la propagande antisémite n'a cessé de criminaliser, depuis la fabrication du fameux Protocole des Sages de Sion utilisé par la police tsariste.

Le complot sioniste a hanté toutes les dictatures du XXe siècle.

Il fut, on le sait, l'obsession de Staline. La criminalisation du terme lui-même est l'œuvre du Vojd ! La conférence de Durban n'a rien inventé, elle n'a fait que reprendre les accusations infâmes et imbéciles des procès de Moscou et de Prague. Ce n'est pas la moindre des aberrations de notre époque que de voir des organisations humanitaires utiliser, au sein d'une conférence de l'ONU sur le racisme, les concepts de la justice stalinienne.

Pourtant, les derniers juifs assassinés en Europe par l'antisémitisme ne furent pas ceux d'Auschwitz, mais les accusés des procès de Prague et de Moscou. Comploteurs, nationalistes juifs, les dirigeants du Bund polonais, Erlich et Alter, réfugiés en URSS et exécutés sur l'ordre personnel de Staline, en 1943. Sioniste, l'acteur Solomon Mikoels, abattu à Kiev, coupable d'avoir collecté des fonds américains, à la demande Staline en personne, pour soutenir l'effort de guerre de l'URSS. Sionistes, les écrivains yiddishs David Bergelsohn et Peretz-Markish, exécutés en 1952, sioniste, le vieux bolchevik Salomon Lossovski dont le procès se tint à huis clos parce que, en dépit de la torture, il refusait de se plier au rituel des aveux. Sionistes, les médecins de Staline, les blouses blanches. Sioniste, aussi, Rudolf Slansky, secrétaire général du PC tchécoslovaque, qui n'était même pas juif, mais qui, à la demande de l'URSS, avait organisé les livraisons d'armes tchèques à la Haganah, en 1947. Slansky, fusillé pour sionisme, le communiste hongrois Rajk, pendu pour les mêmes raisons...

L'accusation de sionisme a justifié les derniers crimes staliniens. Elle a été réactivée contre les ouvriers et les étudiants polonais de 1968, agents d'un complot sioniste contre le régime de Gomulka. Cette année-là, les dirigeants du Printemps de Prague étaient, aussi, selon Brejnev, manipulés par les forces sionistes et infectés par l'esprit kafkaïen !

On peut critiquer le sionisme comme mouvement politique, c'est le moins, on peut contester ses thèses, ses principes comme ceux de n'importe quel mouvement national. C'est bien naturel, c'est le débat démocratique. Mais l'hostilité systématique, la criminalisation du sionisme, l'emploi péjoratif du terme n'est que la reprise d'une ignominie criminelle.

L'antisionisme affiché n'est que la face visible de ce que l'on dissimule de nos jours, et donc bien évidemment de l'antisémitisme.

L'antisionisme et l'antisémitisme ne sont pas deux choses différentes, ils ont la même sémantique et en grammaire, ces deux mots sont des synonymes.

Et nos tiers-mondistes, nos ONG, nos antimondialistes osent reprendre cette accusation monstrueuse qui fait passer le sionisme pour la vérité criminelle du juif ! Et des pays, des gouvernements qui tous, oppriment, à l'intérieur de leurs frontières, une ou plusieurs minorités nationales, religieuses ou sexuelles transforment une conférence de l'ONU sur le racisme en procès du sionisme !

Fidel Castro était très en verve à Durban : les homosexuels emprisonnés à Cuba devaient être ravis de voir le Lider Massimo combattre avec autant de fougue le diable sioniste ! Que pensaient les Noirs du Soudan et les Kurdes d'Irak en voyant des organisations humanitaires s'associer à leurs bourreaux pour détourner la définition du racisme et condamner le sionisme ?

Durban n'a pas seulement été une mystification antisémite, ce fut, aussi, une saloperie contre des millions d'hommes et de femmes persécutés à travers le monde, en raison de leur couleur, de leur religion, de leur culture nationale, de leur sexe ou de leur sexualité.

À Durban, des organisations humanitaires ont collaboré avec des dictateurs pour annoncer au monde qu'elles n'avaient aucune espèce de considération pour les bouddhistes du Tibet, les Cooptes d'Égypte, les martyrs tutsis du Rwanda, les femmes afghanes, les homosexuels cubains, les chrétiens du Soudan, les musulmans de Sebrenicza, les Indiens du Chiapas et tous ces pauvres gens que l'on égorge en Indonésie, au Timor ou en Inde !

Ces gens n'existent pas, ils n'ont pas le droit d'exister dans une conférence internationale sur le racisme parce qu'ils ne sont pas victimes des juifs !

Étrange obsession du sionisme que l'on a retrouvé en des pays qui n'avaient jamais eu de communauté juive significative. Il y avait bien eu quelques juifs à Shanghai, mais cela ne suffit pas à expliquer l'importance accordée par le président Mao à la lutte contre le sionisme ! Qui pouvait donc, alors, menacer un milliard de Chinois ? Les deux cents juifs de Shanghai ou même le petit État d'Israël ?

Les condamnations du sionisme n'ont jamais empêché Mao de persécuter les musulmans chinois.

Absurde fixation, délire que les dictatures les plus sinistres ont légué aux valeureux combattants de la cause des peuples ! Mais le sionisme ne fut pas autre chose que l'expression d'un peuple en lutte, qu'un mouvement de libération nationale !

L'antisionisme, credo stalinien, est malheureusement le premier article de la foi de nos camarillas de pseudo tiers-mondistes, gauchistes attardés, et autres réactionnaires patentés maquillés en progressistes.

Le mouvement humanitaire s'est soumis à cette idéologie.

La condamnation du sionisme à Durban était l'aboutissement d'une dérive des organisations impliquées, à des titres divers, dans l'action humanitaire. Dérive effarante, si l'on songe que la relance de l'humanitaire par Bernard Kouchner s'accompagnait d'une rupture affichée avec les idéologies totalitaires. Quand, à bord de l'Ile de Lumière, Kouchner partait recueillir les victimes de la révolution vietnamienne, le signe était évident et le navire fort bien nommé. Malheureusement le mouvement humanitaire semble avoir oublié la rupture qui l'avait refondé et il cultive une fâcheuse tendance à revenir aux idéologies. Il y a donc, désormais, cette sorte d'idéologie tiers-mondo-antimondialiste que l'on retrouve tout à la fois chez certaines figures de l'humanitaire et chez les manifestants qui défilent, dans une totale confusion, à chaque sommet du G8. Les masques sont tombés à Durban, dévoilant l'antisémitisme sous le verbiage anti-impérialiste.

6

Chapeaux noirs et calottes blanches

Je concède volontiers à mes correspondants qu'il y a, au sein du judaïsme et en Israël, des dérives inquiétantes. C'est vrai : en Israël, les partis sionistes de gauche et de droite se sont usés au pouvoir, et l'on a vu s'affirmer des partis ultra-orthodoxes qui réduisent le fait juif et la religion elle-même à des rites, des superstitions et des incantations. Ces mouvements participent à la relance du conflit, en donnant un caractère proprement sectaire à leurs colonies, en revendiquant la totalité du territoire biblique – quand ce n'est pas le mont du Temple de Jérusalem.

On nous renvoie donc une image totalement contradictoire avec la modernisation de la vie juive qui avait marqué le mouvement sioniste et les premières années de l'État d'Israël.

Mais on nous renvoie cette image, comme s'il s'agissait du sionisme lui-même. Absurde amalgame ! Yitzhak Rabin incarnait le sionisme historique, il a été assassiné par un fanatique religieux, issu de cette mouvance sectaire d'autant plus extrémiste aujourd'hui qu'elle s'est ralliée très tardivement à l'État juif.

La force du fanatisme en Israël doit beaucoup à l'enfermement du pays, à sa condamnation, sur une base religieuse, dans le monde musulman. Même lorsqu'il semblait laïcisé par Nasser, le nationalisme arabe proclamait le Jihad, la guerre sainte contre Israël.

L'intégrisme juif a diffusé la religion du ghetto au sein d'une population qui venait plutôt du mellah. C'est une religion d'enfermement. Dans le film *Pourquoi Israël ?*, réalisé par Claude Lanzmann en 1973, les Israéliens interrogés évoquaient tous ce syndrome d'un peuple enfermé de tous côtés par ses frontières terrestres et qui ne pouvait sortir du pays que par la mer et par les airs. Les formes extrêmes de la religion donnent un sens à cet enfermement imposé par les pays voisins.

Le sionisme ne proclamait pas une guerre de religion, il la subissait. À force de revendiquer la guerre sainte, les adversaires d'Israël ont fini par trouver un miroir. La guerre des nations israéliennes et palestiniennes peut trouver une solution politique. Les guerres de religions ont l'éternité devant elles. Sous les chapeaux noirs et sous les calottes blanches les idées se ressemblent et nous promettent de beaux jours.

On pourrait imaginer un partage idéal de la Palestine, dessiner un territoire sur lequel les barbus des deux camps videraient éternellement leur querelle. Ce n'est malheureusement pas possible.

Mais ceux qui reprochent à Israël d'être un greffon occidental sur l'Orient peuvent mesurer leur erreur. La montée de l'intégrisme religieux, c'est l'orientalisation, presque l'islamisation du pays. Paradoxalement, c'est à partir de doctrines religieuses importées d'Ukraine et révisées à Brooklyn que l'on a produit des pratiques juives qui ressemblent, à s'y méprendre, à l'islamisme.

En Israël, la gauche pacifiste ou simplement réaliste a toujours défendu les principes de liberté et de tolérance, face à la pression des religieux sectaires. Au sein de la religion même, un judaïsme libéral et moderne s'oppose très ouvertement à l'archaïsme et à l'obscurantisme.

Ce combat n'a jamais été véritablement mené au sein du mouvement palestinien et force est de constater qu'il est de moins en moins visible dans le monde arabe et musulman. Où sont passées ces figures de la modernité arabe ? Bourguiba avait bien des défauts, mais en Tunisie il avait affronté les imams et imposé l'émancipation des femmes. Il les avait débarrassées de ce voile que l'on nous impose dans nos écoles laïques, au nom de la tolérance. Partout, les gouvernements et les partis qui tentaient de moderniser le monde arabe ont cédé devant les imams, quand ils n'ont pas été emportés par les vagues islamiques. En Algérie, par exemple, les révolutionnaires du FLN ont fait le lit du Front islamique, en adoptant un code de la famille parfaitement rétrograde.

Dans la plupart des pays d'Islam, Christine Boutin passerait pour une gauchiste. Si, du moins elle pouvait s'y exprimer, car c'est une femme et elle s'exposerait à la lapidation à parler de Dieu et à montrer son visage.

Le monde arabe et musulman connaît une véritable régression, une vague réactionnaire qui lui impose la forme la plus archaïque de la religion.

Pourtant, nos progressistes de France encouragent ou justifient ce que l'on appellerait chez nous la réaction ! Ils s'inquiètent des dérives des juifs orthodoxes, éventuellement de celles des catholiques intégristes, mais ils comprennent l'extrémisme musulman. Ils y voient l'expression, certes discutable, des peuples pauvres en lutte contre l'oppression.

Une idée s'est ancrée, au fil des années, attribuant à certains régimes arabes, puis aux régimes islamiques et au mouvements islamistes, une dimension révolutionnaire, en tant qu'incarnation de la lutte des peuples du tiers monde !

On se souvient, hélas ! de l'extase de Michel Foucault devant la révolution iranienne, qui fut l'acte fondateur de cette nouvelle certitude.

Un peuple se mettait en marche, avec sa propre culture, ses propres valeurs et l'on allait enfin voir le tiers monde se dégager de l'hégémonie culturelle occidentale !

Triste naufrage, pour l'auteur de *Surveiller et punir* ! Il voyait, dans ce déferlement d'hommes en noir et de femmes voilées, la réplique tant attendue à la crise philosophique et morale de l'Occident ! Foucault était même inquiet, après avoir fait le voyage de Téhéran, parce que les mollahs du conseil de la Révolution s'étaient référés devant lui aux valeurs du XVIIIe siècle français, affirmant que l'Islam avait précédé Voltaire et Rousseau, qu'il était la religion du peuple et donc de la liberté et de l'égalité. Valeurs dont notre philosophe clamait qu'il fallait se défier, puisqu'elles avaient déjà servi à justifier toutes les horreurs de l'Occident, révolutions, terreur, guerres et colonialisme ! Mais à ce détail près, la révolution iranienne incarnait cet autre tant attendu, le représentant de cette partie de l'humanité, muette et souffrante.

On devrait déconseiller les voyages aux grands intellectuels. En Iran, l'intelligence de Michel Foucault n'a pas résisté et lui qui nous avait donné une pensée libératrice, pour notre société, adulait chez les autres ce qu'en France il aurait, sans nul doute, combattu les armes à la main.

En outre, la révolution iranienne n'était pas exactement encadrée par les plus pauvres, mais par les classes moyennes dont l'élite cléricale était issue. L'Iran n'était pas un pays pauvre, mais un pays dont les richesses étaient sources d'inégalités criantes, ce qui n'est pas tout à fait la même chose. Le luxe tapageur du chah et de sa cour était une provocation permanente. Comme partout, les ressources naturelles étaient confisquées et dilapidées.

Ces richesses ont été gaspillées d'une autre manière, par la folie guerrière de Khomeyni. L'Iran a été proprement ruiné par la révolution islamique, sa jeunesse a été décimée par la terrible guerre contre l'Irak où l'on envoyait des « volontaires » de douze ans dans les champs de mines. Mais qu'importe ce bilan catastrophique, ce ravage d'un pays qui était sur le point de se développer et dont une véritable révolution démocratique, ou même un simple processus réformiste, pouvait faire un modèle. Qu'importe, puisqu'en dépit de ce bilan, il se trouve, toujours en France, une cohorte d'intellectuels pour répéter la bêtise de Michel Foucault chaque fois qu'ils croient apercevoir un mouvement des peuples.

Logiquement, le héros de la pensée française aurait dû être Chapour Bakhtiar et non Khomeyni. Mais ce fut Khomeyni, et quand l'infortuné Bakhtiar se réfugia à son tour à Paris, il y fut traité en pestiféré. Ce grand réformiste, longtemps leader de l'opposition de gauche laïque, appelé, trop tard, par le chah à diriger le gouvernement, avait eu le tort d'accepter ! C'était donc un homme du chah, un traître, un collabo ! Nos livres d'histoire, à commencer par celui de Michelet, avaient tout de même plus d'égards pour Necker, qui avait joué un rôle similaire sous Louis XVI. Et, surtout, l'expérience du XXe siècle devrait, osons le dire, nous faire préférer les réformistes aux révolutionnaires, les transitions douces et bien encadrées aux bouleversements brutaux.

Pour avoir vainement tenté d'intéresser quelques excellents journaux de gauche à Chapour Bakhtiar, j'ai éprouvé une grande honte lorsqu'il fut assassiné à Paris et, plus encore, lorsque la France, dans un honteux marchandage, rendit à l'Iran un terroriste auteur d'une première tentative de meurtre.

Quelle haine de la démocratie et de nous-même ! D'une manière ou d'une autre, on a toujours justifié le terrorisme, au nom du « tiers monde », des causes qu'il fallait comprendre, même quand le terrorisme frappait en France. Ni les gens qui marchaient devant la synagogue de la rue Copernic, ni les clients et l'employé maghrébin de Jo Goldenberg, n'étaient responsables pour la situation des Palestiniens. Les voisins de Chapour Bakhtiar, les passants de la rue Marbeuf et de la rue de Rennes, les usagers du métro Saint-Michel devaient donc payer parce que des gens souffrent par « notre faute » quelque part dans le monde ? Absurde perversion des idées de justice.

Alors même que la révolution iranienne atteignait les sommets du délire, qu'elle avait, déjà, déclenché une guerre, il n'y avait personne, en France, pour prononcer l'éloge de Chapour Bakhtiar.

Un démocrate, pensez ! Mais pour « comprendre » les raisons des terroristes, il y a toujours foule.

La guerre entre l'Iran et l'Irak a laissé nos bonnes consciences tiers-mondistes parfaitement indifférentes. La France, il est vrai, n'était pas inactive, elle armait l'Irak. Là-bas, c'était Verdun sur Euphrate, titrait avec justesse *Libération*. Et l'on a tué beaucoup plus de musulmans qu'au cours des guerres d'Israël. Nul ne craignait que l'Islam soit humilié, meurtri et, avec lui, tous les pauvres de la planète. C'était une guerre entre musulmans. Pas tout à fait entre pauvres puisque, de part et d'autre, les belligérants avaient assez de pétrole pour se payer des armes.

Nos consciences se sont réveillées quand l'Irak était, cette fois, dans son tort, après que Saddam Hussein eut tenté de mettre la main sur les pétroles du Koweït, parce qu'il était ruiné par le conflit avec l'Iran. La riposte, il est vrai, fut menée par une étrange alliance, puisque l'on s'appuyait sur la monarchie saoudienne, au nom du droit. Saddam est toujours là, la situation des Kurdes n'a pas changé et l'embargo affecte les enfants mais pas la caste militaire.

Mais ce qui surprend le plus, c'est que l'on a répété à propos de Khomeyni, puis de Saddam, comme plus tard à propos des taliban et de Ben Laden qu'ils incarnaient, à leur façon, que l'on pouvait même juger effroyable, le combat des pauvres contre les riches.

Pourtant, le point commun de Khomeyni, de Saddam et des taliban, c'est d'avoir enfoncé leurs pays dans la pauvreté et provoqué des catastrophes humanitaires. Le point commun de Khomeyni, de Saddam et de Ben Laden, c'est d'avoir utilisé des richesses considérables pour servir leurs rêves de puissance et leurs idéologies totalitaires.

Où est donc passée, dans tout cela, la défense du tiers monde et de ses masses pauvres ? C'est vrai, les Saddam et les Khomeyni ont rapproché leurs peuples de la situation de ceux du tiers monde, ils les ont enfoncés dans la pauvreté à force d'aventures militaires.

On s'efforce, pourtant de nous faire passer l'Islam, sous toutes ses formes, pour la religion du tiers monde. Incroyable contrevérité historique ! Ce que l'on appelait le tiers monde avait un visage, celui d'un non-violent, d'un pacifiste, Gandhi. Mais quand le « fakir nu » combattait pour l'indépendance de l'Inde, quand des millions d'Indiens se couchaient sur les routes et les voies de chemins de fer, plaçant l'armée britannique dans l'impossibilité de les réprimer, que faisaient les mouvements islamiques des Indes ? Ils ne combattaient pas le colonialisme britannique, ils combattaient Gandhi. De toutes les manières !

Les troupes envoyées pour réprimer les manifestations indépendantistes étaient composées essentiellement de musulmans. Il n'y a pas eu de fatwah contre ces infâmes suppôts du satan colonial. Le parti islamiste faisait, lui aussi, déferler des foules, mais c'était contre Gandhi et le parti du Congrès.

Les musulmans avaient pu accepter d'être colonisés par la grande puissance européenne, mais ils ressentaient comme une humiliation la perspective d'appartenir à une fédération des Indes, devenue indépendante, où les autres religions devaient nécessairement être majoritaires. Et ces religions de l'Inde, hindouistes ou bouddhistes, dans leurs multiples variantes, qui, pour la plupart, sont pacifiques attiraient et attirent toujours la vindicte des musulmans.

La confusion entre la revendication religieuse et l'indépendance s'est opposée à la conception de Gandhi et Nehru qui refusaient toute théocratie.

Le parti du Congrès a bien des défauts, et notamment celui de n'avoir pas échappé à la corruption. Mais le parti du Congrès a tout de même le mérite d'avoir conduit la lutte pour l'indépendance avec l'objectif de fonder une démocratie. Il a tenu parole, l'Inde a des structures fédérales et démocratiques, les gouvernements des États sont élus, au suffrage universel, comme le Parlement de la fédération et le gouvernement central. Dans un pays d'un milliard d'habitants, c'est tout de même un exploit et c'est un cinglant démenti infligé à ceux qui prétendent toujours que la démocratie n'est qu'une culture occidentale.

Le principe de Gandhi, c'était de respecter toutes les religions de l'Inde en les séparant du pouvoir politique. En français, cela s'appelle la laïcité et la séparation de l'Église et de l'État. Parce qu'ils avaient cette vision humaniste et modérée, Gandhi et plusieurs de ses successeurs ont été assassinés, par des fanatiques issus de divers courants religieux.

On peut tout de même se demander pourquoi les tiers-mondistes de chez nous ont toujours préféré des dictateurs à Gandhi, père de la plus grande démocratie du monde. L'Inde a bien des problèmes, elle est pauvre, elle connaît des affrontements internes. Mais c'est un pays de libertés.

L'Inde n'a pas muselé et enrégimenté la culture, et, par exemple, elle produit un cinéma extraordinaire quand, ailleurs, on interdit les films ou le cinéma lui-même. Mais au temps des grands mouvements de solidarité avec les « peuples en lutte », Gandhi ne faisait pas recette, on le méprisait pour sa non-violence, et l'on voyait des intellectuels français s'abîmer les yeux sur les textes de Mao. Les mêmes, aujourd'hui, nous soutiennent que l'islam est une réponse des peuples pauvres à l'impérialisme.

Quel mépris de l'histoire !

Le parti islamique a imposé la partition de l'Inde, par la violence, dirigée, non contre les Anglais, mais contre les partisans de Gandhi, contre le parti du Congrès qui avait lutté pour l'indépendance.

Le Pakistan est né de cette violence et il a toujours mené, contre l'Inde, une politique d'agression qui a conduit à la guerre.

Le Pakistan comportait deux États, sa partie orientale

étant issue de la partition du Bengale, sur une base religieuse. Naturellement, la métropole avait un comportement colonial et raciste à l'encontre des Bengalis.

La population du Bangladesh s'est soulevée, le Pakistan a répliqué par une répression sanglante, mais l'indépendance a été acquise en 1971.

Pour la petite histoire, on retiendra que cette guerre des pauvres menaçait aussi les certitudes des combattants anti-impérialistes du Ve arrondissement de Paris. Inquiet, Louis Althusser conseilla à l'un de ses élèves de se rendre sur place. L'élève en question, Bernard-Henri Lévy, devait découvrir que le marxisme-léninisme de la rue d'Ulm ne résistait pas à l'épreuve des faits. Il tentait encore, comme nous tous, de ne pas jeter l'enfant avec l'eau du bain. Mais ce n'était pas de l'eau, c'était du sang, il devait le comprendre, plus rapidement que d'autres qui ne lui pardonnèrent jamais.

Et ces autres, qui proclament leur indéfectible attachement à la lutte des peuples, qui ne veulent toujours pas jeter l'enfant rouge avec le sang de son bain, justifient aujourd'hui la forme religieuse de la violence.

Pour une religion représentative du « tiers monde », l'islam aura eu, aux Indes, une histoire des plus coloniales, au service des Anglais. Après quoi, le Pakistan s'est conduit avec une incroyable brutalité, dans un pays dont la population est aussi musulmane que la sienne, le Bangladesh. Il a ensuite apporté sa contribution au chaos afghan en soutenant les taliban, contre d'autres musulmans.

Aujourd'hui encore, il sert de base arrière aux terroristes qui s'acharnent sur le Cachemire indien.

L'islamisme, par son intolérance, déstabilise les pays les

plus pauvres, les provocations permanentes des musulmans de l'Inde contre les Hindouistes, attestent de sa malfaisance.

Il n'est pas de bon ton de critiquer une religion, et je veux bien admettre qu'il existe un islam modéré, incarné, heureusement, par le recteur de la mosquée de Paris et par un imam de Marseille ou même, semble-t-il, sous réserve d'inventaire, par quelques hommes politiques du monde musulman.

Mais l'islam de l'Inde a été utilisé contre la dynamique du tiers monde que Gandhi avait impulsée. Il a opposé sa violence à la non-violence qui était la marque du mouvement. Sa démarche n'était pas exempte de racisme : il n'était pas humiliant pour les musulmans d'être colonisés par les Anglais, l'humiliation, c'était d'être gouvernés par les Indiens des autres confessions. Tout comme il n'était pas humiliant d'être colonisés par les mêmes Anglais, en Palestine, l'humiliation, c'était de partager la terre et le pouvoir avec des juifs.

On ne peut occulter la vérité de l'histoire coloniale. C'est l'impérialisme britannique qui, pour repousser les Turcs, a restauré les monarchies d'Arabie et du Golfe, qui ont longtemps assuré la suprématie britannique au Proche-Orient, et c'est aussi lui, l'impérialisme britannique, qui, pour sauver son empire, a soufflé sur les braises islamiques aux Indes.

Plus tard, lorsque le mouvement national arabe s'est affirmé sur une base laïcisée, Nasser a incarné, non le tiers-mondisme, mais le non-alignement, dont il avait lancé l'idée avec Nehru et Tito.

Ce trio fameux portait une espérance, au plus fort de la guerre froide.

Mais Nasser a vite montré une vision assez singulière

et, pour tout dire unilatérale, du non-alignement. Les situations de chacun étaient, certes déterminantes. Tito n'avait aucune envie de retourner dans le giron de l'URSS, il était le seul dirigeant communiste maître chez lui, il devait son indépendance aux Américains et au plan Marshall, ce que l'on a un peu trop oublié aujourd'hui. Nehru était le seul véritable non aligné, il combattait la tendance américaine à se substituer, sous une nouvelle forme, au colonialisme britannique et il avait toutes les raisons de se défier de ses puissants voisins, l'URSS et, surtout, la Chine.

Nos tiers-mondistes devraient d'ailleurs méditer sur les guerres des pauvres provoquées par la Chine de Mao, qui a agressé deux fois l'Inde, annexé le Tibet et soutenu le Pakistan.

Le non-alignement de Nasser relevait, lui, de la stratégie pour ne pas dire de l'opportunisme. Au départ, le mouvement national arabe regardait volontiers vers Washington, quand son objectif était de se débarrasser des Anglais et des Français. Les Américains ne se privaient d'ailleurs pas de donner des conseils à leurs alliés de l'Otan, en défendant le principe du droit des peuples à disposer d'eux-mêmes. Leur diplomatie cherchait à se mêler de l'affaire algérienne, ce qui irritait au plus haut point le général de Gaulle.

Nasser a longtemps joué de toutes les contradictions, et ce n'est pas parce qu'Israël était lié aux Américains qu'il a combattu Israël, c'est rigoureusement l'inverse. Lors des guerres de 1956 et 1967, l'essentiel du matériel militaire israélien venait de France et non des États-Unis.

Les officiers de Tsahal étaient formés en France et les services de renseignements français coopéraient très étroitement avec le Mossad. Cette proximité répondait à l'embargo décidé par Truman, en 1948, à l'encontre d'Israël et de tous les belligérants du Proche-Orient. En 1948, les Américains étaient absents du jeu, la Haganah avait des armes légères tchèques fournies par l'URSS et convoyées par les Français. Plus tard, les premières armes lourdes sont venues de France. Des chars AMX, des avions Marcel Dassault et des bateaux de combat fabriqués dans les arsenaux français.

C'est seulement en 1967 que les Américains se sont substitués aux Français. Ils l'ont fait parce que Nasser s'était rapproché des Soviétiques. Il ne restait plus grand-chose alors du fameux non-alignement !

En neuf ans, de 1956 à 1967, Nasser a fait passer l'Égypte dans l'orbite stratégique de l'URSS, avec pour objectif de détruire Israël. À ce moment-là, il est devenu parfaitement aligné et il a, aussi, renoncé à sa dimension laïque, s'alliant avec les chefs religieux pour préparer la guerre. En mai 1967, Nasser s'est rendu à la grande mosquée du Caire pour faire proclamer le Jihad. Je n'oublie pas ce moment, la télévision venait tout juste d'entrer dans ma vie et elle nous transmettait les images d'une foule fanatisée, acclamant son chef, en répétant : « Jihad ! Jihad ! » En ce temps-là, j'étais jeune et stupidement communiste, je me forçais à croire qu'il y avait, sous ces excès, une cause juste.

Amis qui m'écrivez, puissiez-vous me pardonner de n'avoir plus dix-neuf ans et d'avoir appris, depuis, deux ou trois choses... Je l'avoue, j'ai été deux fois soulagé quand Israël a pris l'offensive. Comme communiste, parce que je pouvais condamner l'agression impérialiste. Comme juif, plus secrètement, parce que je ne pouvais ignorer qu'une victoire arabe ne pouvait être qu'un massacre.

Je n'oublie pas ces moments, ni ce que j'étais alors, en ce temps où je ne savais encore rien de Lacan et de la division du sujet.

Dans la salle du 120 rue Lafayette, siège historique du PCF, j'intervenais, aux côtés de Guy Hermier, en juif de service, pour dénoncer la malfaisance du sionisme, devant une assemblée des jeunes et des étudiants communistes... C'était le septième jour, comme dans la Génèse ! Il n'y avait plus de risques...

La veille, oh, la veille... Le sixième jour, j'ai avoué mon soulagement et même ma fierté à un autre schizophrène d'alors, mon camarade Alexandre Adler. Nous avons, en riant, fêté ensemble cette victoire de l'ennemi de classe ! Quelques jours plus tôt, j'avais eu des mots, avec un autre camarade, un ami d'enfance, qui avait quitté les jeunesses communistes et qui avait décidé de partir en Israël, ce qu'il fit, courageusement. Je ne voulais pas te comprendre, Alain Jakubowicz, il fallu bien des années pour que nos chemins se croisent, grâce à cette passion commune, le cinéma, qui t'a fait juif errant entre Tel-Aviv et Los Angeles.

Ces Six-Jours demeurent en ma mémoire. Je revois la colère d'un vieux militant communiste, non, il n'était pas si vieux, il avait exactement l'âge qui est aujourd'hui le mien... Mon père, résistant communiste, fondateur du Mrap, furieux contre *L'Humanité*, ce journal dont il avait été l'imprimeur clandestin, à Nice, en 1943. Contre cette manière de faire d'Israël le coupable et l'agresseur... J'entendrais, longtemps encore, ces leçons de politique, que je ne voulais pas écouter, celles que me donnaient tour à tour mon communiste de père et son fourreur de frère !

La fermeture des détroits, la proclamation du Jihad,

le retrait des Casques bleus à la demande l'Égypte, les troupes massées aux frontières et les cris de « mort aux juifs », dans toutes les manifestations arabes !

Et puis, plus tard, en 1973... Entre ces deux guerres, j'avais eu l'insigne privilège de rencontrer « l'antisionisme » à Varsovie, à Prague et à Moscou. Je m'étais également entretenu, plusieurs fois, à Paris et à Bruxelles, avec les dirigeants de l'Union générale des étudiants palestiniens (Gups). Ils m'avaient violemment reproché d'avoir fait adopter, par l'Unef (ex-renouveau) dont j'étais président, une résolution qui soutenait à la fois les droits du peuple palestinien et le droit à l'existence l'État d'Israël. Et comme j'évoquais mes contacts avec des organisations étudiantes d'Israël qui luttaient pour la paix et préconisaient, dès cette époque, l'indépendance palestinienne, je me souviens de la réponse. Un des dirigeants de la Gups m'a alors répondu : « Avec un israélien, même pacifiste, je ne connais qu'un langage, celui de la mitraillette. »

Figurez-vous, amis qui nous écrivez tant, que cela ne s'oublie pas. D'autant qu'en dépit de ces mots, je n'ai jamais abandonné le combat pour la paix et donc pour la reconnaissance d'un État palestinien.

Et je me souviens, aussi, de la manière dont le premier accord de paix a été accueilli...

Après la mort de Nasser, Sadate a d'abord poursuivi la même politique, en reconstruisant l'armée avec l'aide de l'URSS.

En 1973, pendant la guerre du Kippour, les conseillers soviétiques participaient à la direction des opérations. Ce sont les radars soviétiques qui ont annoncé à Sadate, qui se croyait victorieux, qu'une armée israélienne avait poussé la contre-offensive au point de traverser le canal, sous la conduite d'un général indiscipliné, Ariel Sharon.

Après cette nouvelle défaite, Sadate a su tirer les enseignements de la politique de Nasser : il a renoncé à la guerre et à l'aide soviétique.

Que n'ai-je entendu, à propos de Sadate, dans les milieux communistes, même dissidents. C'était un traître. Il voulait pactiser avec Israël !

Le grand héros indépendantiste Nasser avait, par la guerre, perdu un territoire immense.

Sadate a tout récupéré en un seul accord de paix. Israël, l'État impérialiste et dominateur fut ainsi le premier vainqueur de toute l'histoire qui rendit au vaincu la totalité de ses conquêtes. Begin était même prêt à rendre Gaza en plus du Sinaï, mais Sadate ne tenait pas du tout à gérer une population palestinienne !

Pour avoir ramené à l'Égypte ses territoires perdus, pour avoir entrepris le redressement de son économie ruinée par la guerre et rétablit un régime parlementaire, Anouar el-Sadate fut assassiné...

Par les Islamistes, par un mouvement inspiré par un intellectuel du Caire devenu, vingt-cinq ans plus tard, l'idéologue d'Oussama Ben Laden.

Cet assassinat n'a pas choqué, alors, les fervents militants de la cause des peuples. Ils avaient tous condamné les accords de Camp David. Cette paix était de droite ! La gauche française ne l'aimait pas. Le premier dirigeant socialiste qui a salué, sans réserves, l'accord Begin-Sadate, était Jean Poperen. Une rumeur se répandit aussitôt dans les bons milieux de gauche : le bulletin ronéoté que le courant Poperen distribuait au sein du PS était financé par la Histadrout, centrale syndicale israélienne !

Et quand François Mitterrand a écouté le conseil de Jean Poperen et salué l'événement historique représenté par la venue de Sadate à la Knesset, une autre rumeur a aussitôt évoqué ses liens secrets, forcément occultes, avec le monde juif et Israël.

Pardon, chers correspondants individuels et collectifs, pardon de répondre à de l'idéologie par de l'expérience et la mémoire.

Je sais, moi, à quel point Nasser était adulé et Sadate méprisé et même haï dans notre excellente gauche anti-impérialiste et progressiste.

Qui était progressiste ? Nasser ou Sadate ? Sadate ou ses assassins ?

Qu'il s'agisse de l'Inde ou de l'Égypte, nos tiers-mondistes de salon choisissent, toujours, les héros les plus exotiques. Les Nehru, les Sadate sont, à leurs yeux, trop proches de ces effroyables valeurs occidentales que sont la paix, la tolérance et la démocratie.

Nasser a fait le malheur du peuple égyptien. Les aventures militaires ont montré que ce peuple avait une qualité cachée : il n'était pas très guerrier, finalement, et, une fois passés les moments de griserie précédant les combats, il n'était pas pressé de mourir dans le désert. Anouar el-Sadate a rendu au peuple égyptien quelques biens précieux : son territoire, ses puits de pétrole, et surtout, la paix et la dignité. Nasser avait fait de l'Égypte un éternel vaincu. Sadate lui a redonné l'image d'un pays de culture et de tolérance. Nasser se promettait d'entrer dans Jérusalem à la tête de ses armées, persuadé qu'en défaisant Israël, il avalerait, du même coup, ses alliés jordaniens et syriens.

Sadate, lui, est entré dans Jérusalem, avec les honneurs, il a parlé à la Knesset, en homme d'État accompli. Comme c'était avec Israël qu'il faisait la paix, et que, de surcroît le

Premier ministre était un homme de droite, Menahem Begin, nos bons esprit de gauche ont méprisé Sadate, ce traître ! Il avait signé une *pax americana*, initiée par le président Jimmy Carter.... Carter aussi avait tout les défauts : il essayait de combattre Khomeyni, après l'occupation sauvage de l'ambassade américaine, et il réussissait à faire la paix au Proche-Orient !

Les peuples n'ont jamais rien gagné avec les dictatures militaires, ces grands progressistes qui les ont toujours conduit à la régression. Les mouvements islamistes se sont substitués aux chefs militaires pour mener à leur tour des politiques meurtrières. Ils ne sont pas les représentants des masses pauvres mais leurs bourreaux et, le plus souvent, pour parler marxiste, leurs adversaires.

Ce que l'on appelle, en France, le tiers-mondisme, n'est qu'une idéologie raciste, par condescendance et par haine de soi.

Les dictatures militaires et religieuses sont assez bonnes pour les peuples pauvres, pourvu que nous puissions rêver, de loin, de ces grands mouvements ! D'ailleurs, ma chère, les peuples pauvres, eux, sont des peuples, ils ne sont pas composés de personnes humaines, d'individus, attachés à la vie, au plaisir et à la liberté.

Ce serait, naturellement, du néo-colonialisme que de tenir la vie, le plaisir et la liberté pour des valeurs universelles.

La plus belle réussite de l'islamisme, c'est de nous contraindre à tout oublier de ce que nous sommes, de nous faire douter de la démocratie et de la raison elle-même.

Ernst Lubitsch, dans *To be or not to be*, détruisait l'idéologie nazie en une scène extraordinaire : un acteur polonais, grimé en Hitler, ordonnait à des pilotes allemands de sauter d'un avion sans parachute. Quand les pilotes adressaient le salut hitlérien à leur führer et obéissaient, la salle riait aux éclats, elle riait de la bêtise, de l'absurdité du fanatisme.

Aujourd'hui, le fanatisme peut ordonner aux pilotes de jeter l'avion, avec ses passagers, sur des civils, le spectateur ne perçoit plus l'insondable bêtise de l'obéissance à l'ordre de mort. Il se demande, ce pauvre spectateur, si le coupable n'est pas la raison. Cette raison, déesse des Lumières, cacherait en fait la situation et les aspirations des peuples, elle nous interdirait de comprendre la vérité de l'islamisme !

Pardon d'en être resté aux Lumières et, sur ce point, à Voltaire et à ce grand voltairien d'Hollywood que fut Ernst Lubitsch, mais à mes yeux les pilotes islamistes n'ont fait que reproduire la stupidité fanatique fort bien décrite par Lubitsch, s'agissant des nazis. Et à ce fanatisme, il ne peut y avoir d'autre réponse, décidément, que le mot d'ordre de Voltaire : écrasons l'infâme !

Après les attentats du 11 septembre, un grand écrivain, issu d'un de ces peuples pauvres, a tenu à dire qu'il se sentait, lui, new-yorkais, attaché aux valeurs de plaisir et de liberté. Cet humaniste sait ce qu'est le mouvement islamiste, il a vécu avec une fatwah qui n'était pas théorique, on a tenté de le tuer plusieurs fois. C'est Salman Rushdie.

Je donne tous nos penseurs qui, de Michel Foucault n'ont retenu que l'incroyable éloge de la folie islamiste, pour un seul Salman Rushdie.

J'en ai par-dessus la tête de cette complaisance pour l'infâme, sous prétexte qu'il s'agit de la religion des pauvres. Mais le fanatisme s'est toujours appuyé sur les pauvres, il les a toujours manipulés. Qui étaient donc, ces jeunes gens, qui, écœurés par les richesses et les mœurs de Florence, suivaient Savonarole ? Des pauvres ! Et qui étaient les SA, pour qui les audaces des intellectuels de Berlin et la richesse réelle ou supposée des juifs, étaient intolérables ? Des chômeurs ! Savonarole et Hitler ont précédé les islamistes, dans une voie que nous connaissons trop bien.

L'islamisme n'est que la caricature des fanatismes qui ont ravagé le monde occidental. Qu'y a-t-il de neuf, de différent ou même d'exotique chez ces gens ? Ni la haine des juifs ni l'asservissement des femmes, et moins encore cette manière de frapper une ville porteuse de culture. Le fanatisme a frappé New York, par la destruction des Twin Towers, comme il avait ravagé Florence, puis Berlin, par les autodafés nazis et la Kristal Nacht.

Le péché dont on charge Israël et les États-Unis, ce n'est pas tant l'exploitation du Nord par le Sud ou l'humiliation que l'on aurait infligée aux musulmans que notre civilisation elle-même.

Sans doute ai-je tous les défauts généralement attribués aux juifs, lubricité comprise, mais je veux continuer à regarder les femmes, je veux voir sur elles cette lumière des films d'Ernst Lubitsch ou de Billy Wilder, je veux entendre du jazz new-yorkais et aller voir des comédies musicales à Broadway et c'est à mes yeux un crime effroyable que d'avoir attenté à la légèreté de New York.

Au nom de la pauvreté du Sud ? Allons ! Les États-Unis, l'Europe mais aussi le Japon et les monarchies pétrolières arabes doivent aux pays pauvres une autre politique, c'est malheureusement une évidence. Mais pour mener cette politique, il faut, aussi éradiquer le fanatisme.

La preuve de cette évidence a été faite en Égypte. Depuis la paix, le tourisme, la visite du patrimoine commun de l'humanité, devenait une ressource, un levier économique du développement. L'attentat islamiste de Louxor a ruiné le tourisme en Égypte.

Une fois de plus, le fanatisme enfonce le peuple égyptien dans la pauvreté, quand une activité commerciale, pour ne pas dire capitaliste, contribuait au partage des richesses.

Nous n'aiderons pas les peuples du Sud en reniant notre culture.

Au contraire : la participation de la France à la renaissance d'Alexandrie est exemplaire de ce que nous pouvons faire. Il se peut que la fameuse bibliothèque que César a laissé brûler ait plus d'importance dans la mémoire européenne que dans celle des populations musulmanes d'Égypte. Mais en contribuant à la construction d'une nouvelle bibliothèque d'Alexandrie, d'un temple de la culture universelle, la France a posé un symbole, celui de la réunion des civilisations. On imagine sans peine ce que les islamistes feraient de ce symbole si, par malheur, ils prenaient le pouvoir en Égypte.

Alexandrie reconstruite sera une source de devises pour l'Égypte, en même temps qu'une ouverture sur le monde, avec tout ce que cela signifie. Mais si nous accordons le moindre soupçon de légitimité aux islamistes, si nous les traitons d'une manière ou d'une autre comme les représentants d'on ne sait quelles luttes des peuples du Sud, nous les enfoncerons dans leur misère.

N'en déplaise à ceux qui, ici, nous donnent des leçons de Sud et prétendent comprendre les motivations et la spécificité d'un fanatisme si platement semblable à tous ceux que nous avons connus dans les contrées tempérées.

7

On a toujours besoin de quelques bons juifs

Dans toutes les lettres aux juifs, comme dans les textes qui, d'une manière ou d'une autre, justifient l'islamisme, la Shoah revient comme un thème obsessionnel. Tantôt l'on affirme que les juifs en font trop, on use même, cela s'est vu, d'un répugnant calembour pour dénoncer le « Shoah business », tantôt l'on oppose le juif martyr au juif triomphant.

Question de costume : ce peuple de tailleurs devrait savoir que la tenue rayée lui allait tellement mieux que l'uniforme de Tsahal.

Oh ! Il ne faudrait pas qu'il la montre trop, cette tenue rayée, mieux vaudrait la conserver dans une naphtaline qui serait antimythe, plutôt qu'antimite. Cela pourrait faire du tort de trop en parler.

Tout de même, ce peuple, autrefois, savait se faire plus discret !

Au mieux reconnaîtra-t-on une autre place du juif, pour de nouveau l'opposer à Israël : on l'attend en médecin, en poète, en cinéaste ou en musicien. On l'aime tellement quand il est Groucho Marx, Woody Allen, ou Sigmund Freud qu'on ne le reconnaît plus, derrière des sacs de sable, tenant nerveusement son fusil mitrailleur.

On serait même prêt à aduler les écrivains juifs, pour leur humour incomparable. Nous devons être drôles, paradoxaux, tendres et ironiques. Mais il faudra éviter de trop se référer à sa propre histoire, à sa singularité. Si par malheur l'intellectuel juif rencontre le succès, s'il devient riche, célèbre et médiatique, on trouvera qu'il en fait trop, on le suspectera d'être soutenu par le « lobby » et l'on osera même parler d'un « lobby de la Shoah » engrangeant les dividendes du désastre.

Pourquoi se gênerait-on, puisque, désormais, les lettres aux juifs trouvent de surprenantes réponses ? Celles de juifs qui veulent que l'on sache qu'eux, au moins, ne partagent pas les turpitudes des autres ! Ils ne veulent pas qu'on les confonde, avec ceux qui tiennent la Shoah pour un événement majeur et singulier de l'histoire et avec ceux, les mêmes, qui soutiennent que l'État d'Israël a bien des défauts, mais qu'il n'est pas l'incarnation du mal.

À leurs yeux, le judaïsme se perd à se complaire dans le souvenir de son malheur, à se laisser dominer par de vieux grincheux originaires d'Europe centrale qui imposent à toute la diaspora une histoire et une idéologie qui n'est pas la sienne. On échappe pas si facilement aux grincheux d'Europe centrale, même quand ils sont antérieurs à la Shoah... Joseph K. n'est pas bien loin quand on se dit que si l'on nous accuse, c'est que nous devons certainement être coupables.

Les auteurs de cette thèse, Esther Benbassa et Jean-Christophe Attias, nous proposent de relire l'histoire avec moins de larmes et d'accorder moins d'importance aux persécutions. Ils s'étonnent que l'on traite toujours de la situation des juifs en France à la fin XIXe siècle en évoquant toujours l'affaire Dreyfus !

Il y avait autre chose ! Des écrivains, des artistes, bien acceptés par la société française. À croire que les intellectuels juifs d'aujourd'hui, ces maniaques de la Shoah, ont aussi inventé cette France coupée en deux par l'affaire Dreyfus. En donnant trop d'importance à l'affaire, on proposerait une lecture négative de l'histoire, au risque de blesser les Français. Le pamphlétaire, l'homme politique, qui affirmait que l'antisémitisme était « le caractère de l'époque » ne saurait être soupçonné d'avoir jamais voulu dénigrer la France... C'était Clemenceau ! Et c'est aussi à lui que nous devons la vision, qui demeure pour l'histoire, d'une France coupée en deux par l'antisémitisme.

Vue de Russie, la France de Clemenceau était, il est vrai, une merveille. L'écrivain yiddish Sholem Aleichem a laissé là-dessus quelques lignes inoubliables. Pour lui, il ne pouvait être totalement mauvais, ce pays où un juif pouvait être capitaine, plaider non coupable et n'avoir que la moitié des gens contre lui. Louable intention que d'envisager l'histoire des juifs en France par ses lumières et non plus par ses ombres ! Mais ces lumières ont brillé au prix d'un combat acharné, celui de Grégoire, de Victor Hugo, de Zola, de Clemenceau, celui du Front populaire et de la Résistance.

Il faut reconnaître que l'écriture d'une nouvelle histoire officielle, l'installation d'un principe de repentance nationale, nous fait passer d'une mythologie à l'autre. Hier, les Allemands étaient les seuls coupables de la déportation des juifs de France, aujourd'hui, on glisserait volontiers de la reconnaissance du rôle de Vichy à une culpabilisation de la France. Cette culpabilisation n'est pas acceptable, il faut être totalement irresponsable pour ne pas distinguer l'antisémitisme d'État instauré par Pétain de l'attitude du peuple français. Cela ne vaut pas seulement pour l'Occupation : la singularité de l'histoire française, c'est que la lutte contre l'antisémitisme est fondatrice de l'identité républicaine. Mais il sera difficile de dénicher dans l'histoire des juifs rayonnant qui se seraient affirmés indépendamment de ce combat, sans jamais craindre les persécutions.

Nos auteurs, qui opposent le dolorisme des juifs d'Europe centrale à la tradition exubérante des méditerranéens, ont-ils entendu parler de la campagne de Drumont à Alger et des pogromes qu'elle provoqua ? C'est encore Clemenceau qui les relate dans son journal, en janvier 1898 : « Les émeutes antijuives d'Alger où Européens et Indigènes ont fraternisé dans le meurtre, l'incendie et le pillage, montrent sous quel mince vernis de civilisation se cache notre barbarie. [...] À Alger, on a laissé mettre au pillage les deux rues principales du quartier juif et assommer tout ce qui s'est montré des douze tribus. »

On remarquera au passage que la participation des « Indigènes » aux émeutes laisse penser que l'antijudaïsme musulman ne date pas exactement de la création de l'État d'Israël. Les émeutes antijuives se sont répétées en Algérie, notamment à Oran et à Constantine dans les années trente. Et les « Européens » d'Alger ont protesté lorsque le général de Gaulle, installant en Algérie l'autorité de la France Libre, a aussitôt rendu aux juifs la citoyenneté française que Vichy leur avait retirée.

On peut toujours rêver d'une identité juive qui n'interpellerait pas le reste du monde par le rappel de son histoire tragique. Cela soulagerait sans doute nos honorables correspondants.

Mais, en 1898, Clemenceau fustigeait déjà : « Les efforts de certains juifs pour obtenir l'indulgence des antisémites en prenant violemment parti contre Zola. » Ils ne voulaient pas être confondus avec « cette canaille de Dreyfus », ils étaient de bons juifs !

D'autres, plus tragiquement, écrivirent à Monsieur le Maréchal, ils comprenaient que l'on prenne des mesures contre les étrangers, venus de Pologne et même d'Allemagne, mais que surtout Monsieur le Maréchal ne fasse pas d'amalgame et sache reconnaître les israélites français, ses fidèles serviteurs...

C'est vraiment épatant de dénicher l'intellectuel juif idéal, celui qui oppose ses doctes connaissances à la vanité d'Israël et son amour de la vie à notre mémoire exagérément meurtrie.

Avec lui, on pourra chercher des images positives dans l'histoire !

Proust, pourquoi pas Proust ? Il n'était pas obsédé par les nazis, lui. Il ne les a pas connus, mais la propagande antisémite de l'Occupation ne l'a pas oublié pour autant et il figurait en bonne place, dans l'exposition, « Le Juif et la France ». En tout état de cause, la lecture de *À la Recherche du temps perdu* suffit à anéantir l'absurde opposition entre Marcel Proust et les grincheux qui ressassent l'Affaire. Parce que l'on en parlait, aussi, dans le Salon de Madame Verdurin !

Qu'importe, on voudrait trouver un judaïsme plus léger, qui ne reviendrait pas sur l'histoire tragique du XXe siècle. L'histoire des juifs en France n'est-elle pas, aussi, celle d'une rencontre heureuse ?

La personnalité et l'œuvre de Tristan Bernard incarne à merveille cette rencontre, nos nouveaux experts en judaïsme semblent ignorer cet écrivain un peu désuet, emblématique de l'esprit de la belle époque. Mais Tristan Bernard a été interné à Drancy et il a témoigné de cette abomination, dès septembre 1944, dans un texte que l'on gagnerait à rééditer, *Drancy la juive*.

Merveilleux Tristan Bernard qui gardait toujours son humour et qui, lorsqu'il comprit que sa vie avait basculé par les lois de Vichy, nota simplement dans son journal : « Les comptes sont bloqués, les Bloch sont comptés. »

Qui donc prétend nous révéler ce que fut la rencontre heureuse des juifs et de la France, à nous qui avons appris l'histoire dans les manuels de Jules Isaac ? Était-il maniaque de la Shoah, narcissique du malheur, adepte d'on ne sait quel culte de la mort, lui qui consacra les dernières années de sa vie à l'histoire de l'antisémitisme, en souvenir de sa femme et de sa fille, assassinées parce qu'elles s'appelaient Isaac ?

Puisque l'on ne trouve pas de références pour s'opposer à l'idéologie du judaïsme contemporain, on appelle Hannah Arendt à la rescousse et on lui fait dire, post-mortem, ce qu'elle n'a pas dit !

Ses interrogations sur le procès Eichman, deviennent, avec l'aide de Rony Brauman, la critique implacable d'une mise en scène idéologique justifiant le sionisme. Hannah Arendt, qui fut sioniste militante, avait seulement proposé une lecture philosophique de la monstruosité froide du criminel nazi. Cela s'appelle la banalité du mal. Elle ne cherchait pas, dans sa critique du déroulement d'un procès, à contester la légitimité d'Israël, elle refusait de réduire à sa dimension politique un événement, la Shoah, qui bouleverse nos certitudes quand à l'humanité. Car ce n'était pas un crime de plus contre les juifs, mais bien un crime contre l'humanité, celle des victimes, comme celle des bourreaux.

L'interrogation de Hannah Arendt n'était pas fondamentalement différente de celle de Primo Lévi, dans *Si c'est un homme*. Stefan Zweig, dans les mois qui précédèrent son suicide, pressentait ce désastre, alors même qu'il ne pouvait connaître les modalités et le caractère systématique de l'extermination des juifs d'Europe. Stefan Zweig savait seulement que le nazisme et la guerre ruinaient à jamais l'espérance progressiste qui avait été la sienne, celle d'une transformation de l'homme par la civilisation.

À n'en pas douter, l'histoire de l'Europe fut aussi celle des juifs heureux, dans les universités et la vie culturelle. Hannah Arendt a pu étudier à Königsberg et à Heidelberg, Stefan Zweig était, après Joseph Roth, l'écrivain le plus emblématique de l'Autriche-Hongrie et Primo Lévi un paisible ingénieur chimiste.

Hannah Arendt a fui l'Allemagne nazie, Joseph Roth est mort désespéré à Paris, en 1939, Stefan Zweig s'est suicidé au Brésil et Primo Lévi a mis fin à ses jours, longtemps après ce séjour à Auschwitz qui ne cessait de le hanter.

On peut pourtant se référer à Hannah Arendt, Primo Lévi et Stefan Zweig tout en accusant les juifs d'en faire trop, d'invoquer en permanence la Shoah, de tout justifier au nom de leur martyr, alors même que d'autres peuples ont subi des abominations dont on parle moins.

On finira par reprocher Auschwitz aux juifs. Ils ont eu de la chance, on leur a « donné » un État après ça ! Nous devrions songer à remercier Hitler, ingrats que nous sommes !

Chaque fois que l'on veut interpeller les juifs à propos d'Israël, on invoque la Shoah. Quand on ne suggère pas, comme Roger Garaudy, que c'est un mythe justificateur, on rappelle cette souffrance dont le souvenir devrait nous interdire tout usage de la violence.

Et puis, ils sont vraiment insupportables, ces juifs !

À cause d'eux, l'humanité ne peut plus croire en elle-même. C'est leur martyr qui revient sans cesse ! On voudrait donc en finir avec sa singularité. Il y a eu, il y a toujours d'autres massacres, génocides et ethnocides.

Autrement dit, on nous suggère qu'en insistant sur le caractère unique de la Shoah, nous serions donc insensibles au malheur des autres peuples. Suggestion d'autant plus irrecevable qu'elle interpelle des intellectuels – Bernard-Henri Lévy, André Glucksmann, Alain Finkielkraut – à qui l'on reproche, aussi, d'être toujours présents dans les médias pour défendre les Bosniaques, les Afghans, les Tchétchènes ou les Noirs du Soudan !

Non, le souvenir de la Shoah ne nous fait oublier ni le génocide des Arméniens, ni la traite des Noirs, ni les massacres d'Indiens en Amérique. Il ne nous interdit pas, bien au contraire, de regarder le Rwanda, le Soudan et le Congo.

Combien de fois ai-je reçu, dans les journaux et à la radio, des lettres me reprochant d'avoir évoqué les juifs et de ne rien dire de toutes les horreurs contemporaines et de toutes les autres victimes du racisme. Je comprendrais que l'on me reproche l'inverse, que l'on m'accuse d'un crime écologique contre ces arbres que l'on a abattus pour imprimer tout ce que j'ai pu écrire à propos de l'Afrique du Sud, du Rwanda, du Soudan, des Ingouches, des Tchétchènes, des Arméniens du Nagorny Karabach, des Éthiopiens affamés sous Mengistu, des Algériens assassinés par les GIA ou même des immigrés victimes du racisme en France !

Souvent ces lettres d'auditeurs et de lecteurs opposent à l'omniprésence du martyr juif, les situations de peuples qu'ils ne connaissent que parce que nous les avons fait connaître !

Qui a tiré les enseignements du Cambodge, qui parle donc du Tibet et des droits de l'homme en Chine ?

Sait-on que s'il reste une trace des visages ensanglantés d'Algériens victimes de la ratonnade policière du 17 octobre 1961, c'est parce qu'il y avait là un photographe, un juif à jamais marqué par la déportation et le meurtre de ses parents, mon ami Elie Kagan. Gauchiste et sioniste à la fois, Elie ne s'était jamais remis de ce souvenir et c'est parce qu'il était un orphelin de la Shoah qu'il pouvait, au mépris du risque, se jeter dans une mêlée et ramener ces photos qui furent, longtemps, le seul témoignage de cette ratonnade d'État.

Il est vrai que, depuis quelques années, la Shoah est plus présente qu'elle ne l'était au lendemain de la guerre. Les complicités, trop longtemps occultées, ont été mises à jour. Le récit précis, méticuleux, de l'horreur a chassé les images erronées qui, jusque-là, soulageaient les consciences en rendant les victimes complices de leur supplice, par leur résignation ou leur inconscience. Claude Lanzmann en ferait-il trop, en donnant aux victimes non plus des stèles commémoratives, mais un récit, une narration cinématographique, une existence dans la mémoire ? Était-ce trop que ce travail d'inventaire mené par Serge Klarsfeld qui a rendu son nom, son identité, à chaque juif arrêté en France et assassiné dans les camps ?

Autant le dire, nul n'est mieux placé qu'un juif né à la fin des années quarante pour comprendre l'agacement qui vient de cette omniprésence de la Shoah. Nous avons vécu le temps du silence, du moins à l'extérieur, à la radio, dans les journaux et, naturellement, à l'école. La Shoah n'existait que dans nos familles de rescapés et de survivants. Très tôt, trop tôt, sans doute, je savais comment avaient disparu ces hommes, ces femmes, ces enfants qui souriaient sur les photos que ma mère conservait dans une boîte de bois. Il y avait des mots que nous connaissions, qui revenaient dans les conversations des adultes. Les camps, les fours crématoires, les chambres à gaz... Et plus on essayait de nous préserver, de nous protéger, et plus nous étions hantés par ces noms de lieux, Auschwitz, Treblinka, Maïdanek, Sobibor...

Pardon d'empoisonner le monde avec cette obsession. Je suis désolé d'avoir été pris d'un rire nerveux, il y a quelques années, dans un restaurant quand la serveuse, venue proposer les desserts, m'a recommandé un pithiviers. Pourquoi pas un beaune-la-rolande, un gurs, un drancy. Ces noms de lieux qui revenaient, ces camps d'internement successifs que notre famille a connu avant de partir de Drancy, le 2 novembre 1942. Non, je ne peux pas manger de pithiviers et quand je traverse la banlieue nord de Paris, je ne puis réprimer un pincement au cœur en voyant le nom de Drancy inscrit sur les panneaux lumineux de l'autoroute.

Juste retour des choses, Hitler a chassé Freud de Vienne, mais il a fait la fortune de nos psychanalystes !

Ce n'est rien, nous avons eu la chance de naître un peu plus tard. Ce ne sont que des angoisses ridicules. De petites choses. J'aime les voyages en train, la nuit, et pourtant il m'est arrivé de me réveiller en sueur sur ma couchette. J'ai eu comme une crise d'angoisse, au cours d'un de ces arrêts inexpliqués... en pleine nuit, mon train était immobilisé attendant un aiguillage, sans doute, il y avait beaucoup de voies autour de nous et je demeurais debout dans le couloir, regardant fixement un convoi de wagons de marchandises...

Je comprends... Elles sont partout, maintenant, ces images qui, autrefois, ne paraissaient que dans les publications que recevaient mes parents, journaux des organisations de déportés et autres albums souvenirs.

Les juifs en feraient donc trop ? Cela doit être vrai puisqu'il s'est trouvé, aux États-Unis puis en France, des auteurs juifs pour dénoncer eux-mêmes « l'exploitation » de la Shoah.

Comme toujours, quand la version américaine est contestable, la version française est grotesque. Norman Finkelstein s'était distingué en dénonçant l'évocation obsessionnelle pratiquée par les juifs américains. Au moins peut-on trouver chez lui une réflexion sur l'américanisation de la mémoire juive qui conduit, par exemple, à publier dans les journaux européens un appel nous invitant à retrouver les polices d'assurances des disparus ! Las ! Ma grand-mère devait être imprévoyante, elle ne s'est pas assurée avant le voyage !

Ces absurdités américaines existent, c'est vrai, mais Norman Finkelstein enfle à tel point son propos que l'on finirait par penser qu'il est plus insupportable d'entendre parler de la Shoah que de l'avoir subie.

En France, la protestation de Jean-Christophe Attias et d'Esther Benbassa est encore plus époustouflante. L'évocation de la Shoah serait un « substitut d'identité » pour les pauvres juifs acculturés que sont les descendants, et ce serait, surtout, la déformation du judaïsme, désormais placé sous la domination de la douleur des ashkénazes à laquelle nos auteurs opposent la joie de vivre méditerranéenne des séfarades...

Opposition d'autant plus absurde que les nazis n'ont pas fait la différence, qu'ils ont exterminé les 90 000 juifs de Salonique, principal centre de la culture séfarade, qu'ils n'ont pas épargné, non plus, les juifs d'Italie, ni les 10 000 juifs d'Afrique du Nord qui vivaient à Marseille. Par chance, Patton et Montgomery ont mis fin à l'équipée de Rommel et l'Afrika Korps a rembarqué sans avoir eu le temps de s'en prendre aux juifs de Tunisie. Sans eux, Esther Benbassa ne pourrait soutenir que la centralité de la Shoah est imposée par on ne sait quel groupe maléfique, originaire d'Europe centrale, à des juifs du soleil qui en oublient la luminosité de leur propre histoire.

Où est-elle donc cette centralité ashkénaze, cette douleur imposée aux juifs du soleil, quand le plus connu des récits d'Auschwitz est l'œuvre d'un italien, à qui nous devons, aussi, l'expression « devoir de mémoire » ?

Primo Lévi était un juif du soleil, un séfarade. Paul Ceylan était un juif allemand, et sa poésie a rendu la langue allemande aux victimes. Comme si l'on devait opposer Primo Lévi et Paul Ceylan, parce que l'un venait du soleil et l'autre de la brume, eux, deux juifs marqués par la Shoah, deux écrivains dont le témoignage est si précieux et qui, l'un comme l'autre, décidèrent un jour de disparaître !

On peut toujours essayer de séparer l'histoire des juifs de celle des persécutions et jurer à nos honorables correspondants qu'il y a eu autre chose, une vie intellectuelle et artistique brillante. N'était-ce pas ainsi dans l'Italie où naquit Primo Lévi ? C'était ainsi, mais, bien avant que les nazis ne mettent le feu à la synagogue de Livourne, c'est de Venise qu'est venu le mot ghetto. Les juifs étaient assignés à résidence dans un lagon où il y avait auparavant des fonderies, *ghetto* en vieil italien.

Le dolorisme ? La douleur du silence et du crime longtemps occulté a été évoquée dans un film dont les apparitions sont, hélas ! trop rares. Un film italien, de 1965 : *Sandra*, de Luchino Visconti. Cet immense cinéaste savait, lui, ce qu'avait été la part d'ombre dans l'histoire des juifs du soleil.

Admettons que notre regard soit trop noir, nous qui vivons avec, au fond de nous, une colère qui refuse de s'éteindre. Mais il faut une étonnante stupidité pour opposer le juif positif, heureux de vivre, à ce dolorisme que l'on nous attribue. On trouvera difficilement d'écrivain aussi curieux de toutes choses que Georges Perec. Il avait l'humour joyeux, dans ses jeux littéraires, ses définitions de mots croisés, ses inventaires, ses collections. Il était la vie elle-même, il en a donné le mode d'emploi, mais il portait aussi une marque terrible que l'on lit dans *W*, dans *La Rue Villin* et dans ce *Je me souviens*, tant de fois plagié par des gens sans mémoire. Discret, pudique, Georges Perec évoquait si peu son histoire, celle d'un enfant juif sous l'Occupation, puis d'un homme hanté par ce qui n'était plus. Cette histoire ne le quittait jamais, *La Disparition*, *Les Revenantes* ne sont pas seulement des jeux de lettres et de texte, Perec ne laissait jamais le hasard choisir les titres de ses romans.

Curieuse affaire que cette quête d'un juif qui ne serait pas marqué par la Shoah et qui en subirait le poids, parce que d'autres lui en parlent trop. Mangeclous et Solal étouffés par une histoire qui ne serait pas la leur ! C'est faire peu de cas de l'engagement d'Albert Cohen, qui fut, pendant la guerre, ambassadeur du Congrès juif mondial, plaidant la cause d'un État juif que les persécutions rendaient à ses yeux indispensable.

Ce refus du tragique pour une partie des juifs se révèle

d'autant plus absurde que l'histoire ne s'est pas arrêtée en 1945. La vie des séfarades du Maghreb a brutalement changé, non par une sorte de masochisme mimétique qui les aurait poussés à rejoindre les ashkénazes dans la douleur, mais par les effets pervers de la décolonisation. Peut-être se sont-ils identifiés aux victimes de la Shoah parce que leur douleur n'était pas politiquement correcte.

Ils ont dû quitter l'Algérie avec les Français, sachant que le FLN ne leur laissait aucune place dans une Algérie arabe et musulmane. En Tunisie, ils pensaient trouver leur place, nombre de juifs s'étaient même situés, très naturellement à la gauche de Bourguiba. Le Combattant suprême se montrait réellement modéré dans le conflit du Proche-Orient, il menait une politique moderne, et, au moins pour des raisons économiques, il a tenté de maintenir la présence juive. Les émeutes de 1967 ont eu raison de cette politique, elles ont provoqué un exode massif. De même, au Maroc, qu'un grand nombre de juifs a dû quitter, dans des conditions troubles, il est vrai. Mais... quand bien même des agents provocateurs israéliens auraient révélé les sentiments antijuifs de la population, ces sentiments étaient assez puissants pour déclencher les manifestations de haine.

Que ces juifs soient partis vers la France ou vers Israël, que leur histoire propre ne soit pas directement liée à la Shoah ne change strictement rien au fait que les deux branches sont désormais réunies, en diaspora ou en Israël. On voudra bien admettre que dans l'imaginaire commun, la plus terrible des deux histoires a pris plus d'importance que l'autre. Mais si l'autre a été occultée, c'est qu'elle était gênante pour quelques bien pensants de gauche et d'extrême gauche.

Cependant, on ne peut soutenir, avec Esther Benbassa

et Jean-Christophe Attias que les juifs d'Afrique du Nord sont arrivés en France, en 1962, méprisés par des juifs ashkénazes, installés, fiers de la réussite de leurs enfants et ignorant jusqu'à l'existence de cet autre branche du peuple juif. Cette manière de décrire des juifs ashkénazes, installés et arrogants ressemble fort aux clichés antisémites. Tous bourgeois, ces juifs... C'est une révélation bouleversante... Pour qui se souvient d'anciens déportés rivés à leurs machines à coudre, travaillant à façon, pour qui se souvient de ces ateliers de confection, de fourrure et de maroquinerie, de ce petit peuple de rescapés, qui, au sortir de la guerre devait immédiatement retourner au travail, couper le tissus, piquer, coudre ! Des ashkénazes installés ? J'en connais tant qui se levaient bien avant le jour pour être installés à temps, sur les marchés, avec un lot de chemises payées avec des traites !

Installés ? Dans le « schmatess », oui, mais ce n'était pas encore flamboyant comme dans *La vérité si je mens* ! C'était plutôt... *Au chic ouvrier*, pardon de me citer moi-même ! Et les juifs ashkénazes de 1962 étaient, toujours selon Esther Benbassa, si fiers de la réussite de leurs enfants ! Pour certains, c'était vrai... Ils avaient dû s'embourgeoiser, nos parents, ils voulaient, pour nous, les meilleurs lycées, les meilleures études... Vingt ans plus tôt, ils se montraient plus modestes, confiant volontiers leurs enfants à une famille de simples paysans. Mais il y avait, aussi, en 1962, des jeunes juifs qui réussissaient grâce au dévouement de l'encadrement des orphelinats où ils avaient été recueillis. Robert Bober raconte cela en un petit livre délicieux, *Berg et Beck*.

Singulière manière d'écrire l'histoire que cette absurde opposition entre le rappel obsessionnel des persécutions et la rencontre heureuse des juifs et de la France. Les plus grands bonheurs de la rencontre des juifs et de la France sont venus des persécutions elles-mêmes. Nous avons appris à aimer ce pays qui s'était levé pour défendre Alfred Dreyfus et, dans notre affreux milieu ashkénaze, j'ai maintes fois entendu mes aînés de quelques années parler avec émotion de ces paysans des Cévennes ou du Périgord qui les avaient cachés. Les enfants juifs ont aimé la France au Chambon-sur-Lignon et dans les villages résistants du Limousin.

C'est, aussi, le grand mérite de Serge Klarsfeld que d'avoir, en écrivant l'histoire, démontré que le peuple français n'a pas suivi la politique antisémite de Vichy. Les préfets et les flics de Pétain traquaient les juifs, et s'ils ne purent les arrêter tous, c'est qu'ils se heurtaient à une résistance, moins spectaculaire que celle du maquis, mais plus profondément enracinée en l'esprit des Français. Et cette solidarité envers les juifs a souvent uni deux idéologies françaises qui se combattaient depuis cent cinquante ans, l'humanisme laïque et l'humanisme chrétien.

Des juifs, aujourd'hui, osent affirmer que le rappel de la Shoah est un culte de la mort !

Au demeurant, les récits entendus, au long de notre enfance, ne devaient rien au rituel mortifère. On nous parlait de la lutte, celle des résistants juifs, des brigades FTP de la « MOI », prononcer « moye », avec une pointe d'accent yiddish, pour cette abréviation de « main-d'œuvre immigrée » qui désignait les groupes d'étrangers dans la résistance communiste. Je ne connaissais pas, en 1962, ces ashkénazes établis dont on nous parle, je ne voyais que d'anciens poseurs de bombes courbés devant la machine à coudre, j'ai seulement entendu, un matin d'hiver, un commerçant du marché de Montreuil qui se riait de ce froid-là. Il pouvait bien rester des heures devant son étal, il avait de bonnes chaussures et une canadienne, ce n'était pas comme au *Lager*, à l'heure de l'appel. Non, l'histoire de la Shoah n'est pas, pour nous, un substitut de religion ou d'identité, ce n'est pas une histoire abstraite, c'est la nôtre, celle de nos parents.

Quant à soutenir que l'establishment juif de France découvrait, en 1962, les juifs séfarades et que l'on ricanait quand certains d'entre eux se révélaient être des intellectuels, c'est franchement grotesque ! Nous savions, au moins depuis Spinoza, que les intellectuels juifs ne portaient pas tous des noms allemands. Des séfarades de quelque importance, il y en avait toujours eu, en France, les Pereire, les Camondo, les Crémieux, les Mendès. Aucun juif de l'Est ne les prenait pour des analphabètes ! Pas plus qu'ils ne ricanaient d'Albert Cohen ou de Darius Milhaud ! Je me souviens que nos familles riaient de bon cœur, bien avant 1962, en écoutant les chansons d'un juif du soleil, Ray Ventura. Sans doute était-il contaminé par le dolorisme ashkénaze, lui qui vous ponctuait un tableau d'apocalypse de son fameux : « Mais à part ça, Madame la marquise, tout va très bien, tout va très bien ! »

Je veux bien admettre que nous étions surpris, en découvrant que les juifs n'avaient pas leur place dans l'Algérie indépendante. Ils n'ont pas été rejetés par les « ashkénazes installés », mais par les révolutionnaires algériens. C'est une autre histoire. La France n'avait pas respecté la charte des droits de l'homme rédigée par un séfarade de Nice, René Cassin, qui ne fut jamais, que je sache, méprisé, par les élites. Et la situation en Algérie s'était définitivement dégradée, parce qu'une magouille d'assemblée avait écarté du pouvoir le descendant d'une famille de séfarades portugais, Pierre Mendès France, à qui l'extrême droite reprochait d'être marié à l'héritière d'une grande famille d'Égypte, les Cicurel. Comment peut-on nous soutenir aujourd'hui qu'il y avait alors une guerre des juifs, que les ashkénazes de métropole qui avaient soutenu massivement Mendès France méprisaient les séfarades ? Une famille de la plus haute société juive, originaire de l'Est, la famille Servan-Schreiber, a même fondé un journal, *L'Express*, pour le soutenir ! Pourquoi veut-on nous faire croire qu'à cette époque, celle de Pierre Vidal Naquet, d'Edgar Morin, de Jean Daniel, d'Albert Cohen et de Pierre Nora, on n'imaginait pas, en métropole, que les séfarades puissent écrire ? Ou encore que leur joyeuse exubérance nous surprenait quand toute la France dansait avec Dario Moreno !

Absurde rancœur ou totale méconnaissance de l'histoire contemporaine, qu'importe ! Il ne suffit plus que les juifs subissent un harcèlement à propos d'Israël, il faut encore qu'Esther Benbassa et Jean-Christophe Attias viennent suggérer que la Shoah occupe trop de place dans leur histoire. Et il faut, aussi, qu'ils inventent une opposition, une humiliation infligée, au nom d'un « substitut de religion », d'un « culte de la mort », aux juifs d'Afrique du Nord.

Je veux bien admettre que l'on ne parle pas assez, en France, de l'histoire des juifs d'Algérie, de cette population dont la présence était antérieure à la conquête arabe et qui passait pour coloniale parce qu'elle avait bénéficié du décret Crémieux, lui accordant la citoyenneté française. Oui, il y a bien une manière « politiquement correcte » de traiter les souvenirs d'Algérie, et, après avoir longtemps passé sous silence les crimes de l'armée française, on nous sert un manichéisme, distribuant bons et mauvais rôles.

La vérité est que les juifs d'Algérie ont connu l'exil et le déracinement, parce que les gouvernements de la IVe République avaient préféré la guerre à la décolonisation et parce que le mouvement national algérien s'était radicalisé, rejetant toute communauté non musulmane.

On peut toujours soutenir que les Arabes se vengeaient sur les juifs de ce que l'on avait imposé aux Palestiniens. C'est possible, mais on a finalement chassé plus de juifs du Maghreb, du monde arabe en général, que de Palestiniens d'Israël. Ben Bella, en 1962, clamait qu'il n'y avait pas de « petits colons », que tous ceux qui avaient eu la nationalité française devaient partir, que l'Algérie était arabe et musulmane. Il ne reconnaissait même pas la culture berbère, Ben Bella ! Il promettait, aussi, après sept ans de guerre d'indépendance, de lever une armée de 100 000 hommes pour aller libérer la Palestine.

Naturellement, on fera des juifs d'Algérie les victimes indirectes d'Israël, pour peu que l'on accepte de relativiser la Shoah en admettant, peu ou prou, que son importance a été surévaluée pour servir de « mythe fondateur ». Les infortunés séfarades auraient ainsi subi la vindicte des nationalistes arabes, à cause de cet État illégitime imposé par les ashkénazes, au nom de souffrances dont ils avaient exagéré la portée historique !

Les bons juifs, porteurs de ces thèses, reprochent à d'autres de trop chercher à débusquer les antisémites. Ils ont raison. Avec eux, les antisémites deviennent inutiles.

8

Le beur et le vote du beur

Dans sa lettre aux juifs, parue dans *Le Monde* en août 2001, Pascal Boniface, évoquait le risque que nous prenons, en France, à trop nous montrer solidaire d'Israël, quand, désormais, le vote des musulmans compte dix fois plus que le vote des juifs. L'avertissement mérite d'être pris au sérieux, l'auteur de la lettre étant tout à la fois expert en stratégie et membre influent du Parti socialiste. Je ne puis imaginer un seul instant qu'un membre de ce grand parti républicain envisage de fonder un projet politique sur les sentiments exprimés par l'une ou l'autre des communautés.

Je veux encore espérer que les partis responsables de la France pensent, d'abord, à l'intérêt général, ce qui devrait normalement leur interdire de chercher des électeurs sur une base ethnique, religieuse ou, même simplement communautaire.

Il serait d'autant plus absurde de jouer avec le vote juif et le vote musulman que la principale religion de ce pays ne présente plus, depuis longtemps, des candidats se réclamant de la droite catholique, ou même du christianisme social.

Il y a près de quarante ans que le MRP, en se transformant en Centre démocrate, a cessé définir comme un parti chrétien. C'était le dernier parti qui, en France, se référait à des valeurs religieuses. Cette référence avait un sens quand elle marquait l'opposition entre l'humanisme chrétien et le nazisme, elle était devenue inopérante dans la société française des années soixante.

Il n'y a plus de vote chrétien, ni de vote catholique ou protestant, on ne voit donc pas pourquoi il faudrait, aujourd'hui, se préoccuper d'un vote musulman.

Lorsqu'on oppose ce vote à un vote juif, on prend le risque d'allumer une guerre entre les communautés, et, surtout, celui de créer un trouble quant à la nature de l'adhésion des uns et des autres à la République. Cette dérive est d'autant plus surprenante que les adversaires du vote et de l'intégration des immigrés nous ont toujours mis en garde contre d'éventuelles pressions des pays d'origine sur nos consultations électorales.

Pour être, semble-t-il, mêlé, depuis longtemps, à tous les débats sur l'intégration, j'ai tout de même entendu plus d'une fois cet argument, venant d'élus, de responsables politiques, qui n'étaient pas tous de droite, loin s'en faut. On semblait redouter, alors, l'influence du roi du Maroc en Seine-Saint-Denis et celle du gouvernement algérien dans les quartiers Nord de Marseille.

La pression des imams sur le vote sera beaucoup plus redoutable, surtout si les responsables politiques jouent eux-mêmes avec la définition communautaire, ethnique et religieuse du suffrage. Et, plus encore, si, pour glaner des voix musulmanes, on hypothèque la politique de la France.

La passion palestinienne de certains leaders politiques n'est peut-être pas innocente. Certes, une partie de la gauche, le PC, l'extrême gauche, les Verts, peut se revendiquer d'une analyse politique et, pour certains, d'un choix historique. On peut cependant s'interroger sur la pureté de leurs intentions, quand des partis représentés au gouvernement s'empressent de se démarquer, en pleine crise internationale. Surtout lorsque l'on sait que leurs élus défendent ou convoitent des circonscriptions situées dans les banlieues et les cités.

Si certains électeurs n'écoutent pas quand on invoque, devant eux, l'intégration républicaine, on peut être tenté de leur parler des Palestiniens et de dénoncer l'agression contre l'Afghanistan. En ayant des mots un peu durs contre Israël et les États-Unis, on peut espérer emporter leurs suffrages.

Il est vrai que l'on a toujours vu, aussi, les grands partis politiques présenter des candidats juifs dans le centre de Paris ou à Sarcelles et que les maires des villes comportant une forte communauté juive savent rappeler, au bon moment, qu'ils ont passé un accord de jumelage avec une ville israélienne. Réciproquement, dans certaines municipalités, qui étaient jadis jumelées avec Koursk (URSS) et Karl Marx Stadt (RDA), on se prépare aux échanges culturels avec Ramallah et Gaza. La mairie de Bethléem doit être très courtisée, elle peut rapporter à la fois des voix musulmanes et des voix chrétiennes.

En tout état de cause, plusieurs villes de France organisent, déjà, des voyages en Palestine pour leurs jeunes Beurs. Ces initiatives seraient fort louables si elles portaient clairement un message de paix, si, comme SOS-Racisme l'avait fait après Oslo, on emmenait de jeunes juifs et de jeunes Beurs ensemble, en Israël et dans les territoires autonomes palestiniens. Mais en organisant des voyages d'un seul côté, sur une base discrètement ethnique, on sait parfaitement que le discours entendu sur place sera celui de la propagande.

Cette même propagande que l'on diffuse dans les écoles palestiniennes, où les subventions de l'Union européenne ont été utilisées pour éditer des manuels scolaires qui n'enseignent rien d'autre que la haine de l'Israélien et du juif. La Palestine étant une cause électoralement sacrée, le gouvernement français n'a pas protesté contre ce détournement de l'aide européenne, mais deux députés PS du Parlement européen ont posé une question à la commission. On peut parier que le texte de leur intervention sera mieux diffusé dans le IVe arrondissement de Paris que dans la banlieue de Lyon.

De toute évidence, certaines organisations juives ont joué avec le feu en tentant d'imiter les mœurs électorales américaines, en jugeant les hommes politiques à l'aune de leurs proclamations de solidarité envers Israël. Nombre de juifs affichent une exigence démesurée, imaginant que l'on peut infléchir la politique française, à partir de considérations électorales intérieures.

Il faut pourtant admettre, même si ce n'est pas toujours agréable, que la France se doit de faire passer ses propres intérêts avant ceux de l'État d'Israël. Elle n'est pas située au même endroit sur la carte du monde, elle a une autre façade méditerranéenne, une responsabilité historique vis-à-vis du Maghreb, de l'ancien Levant et monde arabe. Une bonne partie de l'Afrique francophone est musulmane. Et puis, on nous a répété, jadis, que la France n'avait pas de pétrole, mais seulement des idées, mais elle a aussi une grande compagnie pétrolière, le groupe Elf-Total-Fina.

Sans doute faudrait-il un peu plus de transparence,

dans cette politique, mais aucun Français ne peut, pour des raisons communautaires ou confessionnelles, reprocher à son pays de défendre ses intérêts.

Nous avons en revanche le droit de nous demander si nos besoins énergétiques justifient l'entretien de régimes corrompus et de dictatures en Afrique. Ou, si, dans les nécessaires relations avec les pays Arabes et musulmans, nous devons nous en tenir aux rapports marchands, sans jamais affirmer le point de vue de la patrie des droits de l'homme. Faut-il tout accepter de l'Arabie Saoudite et des Émirats, parce que ce sont d'excellents clients pour les produits de luxe, les armes, le béton en même temps que des partenaires pétroliers ? Faut-il se taire quand leur argent finance le terrorisme et quand il alimente la propagande islamique dans les banlieues ?

Notre diplomatie se garde bien de protester. La France n'est pas indifférente à l'attention que les théocraties féodales lui portent : la famille royale saoudienne possède un joli pied-à-terre avenue Foch, l'émir de Bahreïn a une propriété à Marnes-la-Coquette, les frères Ben Laden apprécient leur petit palais des hauteurs de Cannes. Nos grands couturiers ne sauraient s'en plaindre, on peut seulement regretter que ces gens préfèrent les modèles haut de gamme de Mercedes et de Rolls Royce à ceux de Renault et de Peugeot. Heureusement, ils savent apprécier les chars Leclerc qui équipent l'armée saoudienne.

On ne peut tout juger d'un point de vue moral. Les intérêts de la France sont les intérêts de la France : si l'on refusait de vendre des produits de luxe aux élites des pays pauvres, si les dictatures ne pouvaient plus acheter d'armes françaises, le chômage atteindrait vite un niveau alarmant. Nos gauchistes, nos antimondialistes, eux-mêmes, évitent d'aborder ces sujets délicats.

La France n'a pas les moyens de donner des leçons de morale à l'Arabie Saoudite. Un pays est à l'abri de la morale quand il fournit à la planète 12 % de son pétrole et qu'il détient 25 % des réserves connues.

S'il y a vraiment d'importants gisements pétroliers en Méditerranée orientale, il est parfaitement naturel que Total cherche à en obtenir la concession avant ses rivaux anglais et américains. Si l'un de ces gisements se trouve bien au large de Gaza, dans les eaux territoriales du futur État palestinien, la France gagnera à ne s'être point trop montrée partiale dans le conflit.

C'est, si l'on ose dire, l'essence de sa politique, depuis 1967.

Au passage, ceux qui reprochent, à bon droit, aux États-Unis de fonder leur géopolitique sur l'emplacement des puits et le trajet des oléoducs, devraient comprendre que cette vision est assez bien partagée de par le vaste monde. Il est des dictatures auxquelles la France fait la leçon et d'autres qu'elle tolère plus volontiers. Des actions armées qu'elle réprouve et d'autres, non moins meurtrières, qu'elle accepte en soupirant. Cet humanisme sélectif ne s'applique pas seulement au conflit du Proche-Orient.

En se procurant, auprès du service de presse d'Elf-Total-Fina, la carte des implantations de notre groupe pétrolier, on comprend mieux ce qui distingue une atteinte aux droits de l'homme d'une opération de maintien de l'ordre. En complétant cette carte par celle des approvisionnements en uranium, on comprend aussi qu'EDF et la Cogema aient parfois besoin d'ombre pour nous donner de la lumière.

La France agit en fonction d'intérêts économiques, politiques et stratégiques, comme n'importe quel autre pays. Concertant désormais une politique avec ses partenaires de l'Union européenne elle ne saurait négliger ni les intérêts de BP, ni ceux de ENI-AGIP, elle doit compter avec les grandes industries chimiques allemandes, comme elle compte, depuis toujours, avec Péchiney et Total.

Dans ce pays, on peut toujours faire des effets de tribunes en parlant des intérêts égoïstes qui guident la politique américaine, mais nous sommes la France, nous sommes l'Europe, et nos motivations ne sont guère différentes.

Disons même que, contrairement à ce qu'affirment bien des anti-mondialistes, cette présence industrielle de l'Europe et des États-Unis n'est pas en elle-même une calamité pour les peuples. Si calamité il y a, elle vient de l'opacité des entreprises et du néo-libéralisme des gouvernements qui les protègent de tout contrôle public et démocratique.

Mais si la lettre de Pascal Boniface contient un propos redoutable, c'est que la double activité de son auteur incite à penser que l'on ne tardera pas à justifier une politique fondée sur une stratégie, en usant d'une démagogie à l'intention des musulmans de France, ce qui permettra, du même coup, d'engranger leurs suffrages.

Sachant que Jacques Chirac n'est pas moins bien placé que Lionel Jospin sur ce terrain, Pascal Boniface écrit donc « aux juifs », pour faire savoir au PS que le temps n'est plus où l'on devait masquer certaines inclinations de la politique, pour conserver ou gagner le « vote des juifs ».

Vote qui, au demeurant, n'a jamais eu d'importance, qu'aux municipales, éventuellement aux législatives, dans quelques villes ou quartiers de grandes villes. Car enfin, s'il y a, en France, 300 000 électeurs réputés juifs, en âge de voter, les études d'opinion ont toujours montré qu'ils se comportaient exactement comme les autres, dans les mêmes proportions, avec tout de même, un goût moins prononcé pour l'extrême droite.

Qu'est-ce donc que le vote juif ? Rien ! On disait, en 1981, que l'élection de François Mitterrand était un vote sanction des juifs contre Giscard d'Estaing. Il semblait bien, en fait, que François Mitterrand obtenait une majorité légèrement plus forte chez les électeurs « juifs » que dans l'ensemble du pays. Deux points de plus. Rapportés aux 300 000 juifs en âge de voter, 2 %, cela fait 6 000 voix, moins de 5 000, si l'on veut bien admettre qu'il y a de tout chez les juifs, même des abstentionnistes. Dans une présidentielle, ce n'est même pas une goutte d'eau.

Pourquoi Pascal Boniface vient-il nous dire que, désormais, ce vote risque de moins compter que le vote musulman ? Il n'a jamais compté. Certes, tous les partis, tous les hommes politiques, ont toujours eu leur juif, celui que l'on envoie à la synagogue de la rue de la Victoire pour Yom Kippour et à l'ambassade d'Israël le jour de la fête nationale. À la pèche aux voix, on ne néglige pas les petits poissons, on lance ses lignes à la synagogue et au club numismate, on défend les chasseurs et les lapins, les automobilistes et les piétons. Comme il y a moins de juifs que de chasseurs et d'amis des bêtes, on réduira les frais de ce côté-là, mais, le jour venu, on sortira le sien.

Les véritables hommes politiques français d'origine juive ont, le plus souvent, refusé de jouer ce rôle. On n'a jamais vu Pierre Mendès France et Simone Veil se mêler de ces comédies de sous-préfecture. Question de dignité. À l'Assemblée nationale, en 1955, Pierre Mendès France traitait par le mépris les insultes et les allusions qui venaient des bancs de l'extrême droite et, aussi, de ceux du PCF. Vingt ans plus tard, quand Simone Veil présentait la loi sur l'IVG, ces insultes, enfin bannies de l'hémicycle, fusaient dans la salle des colonnes, et la ministre de Giscard d'Estaing est passée, la tête droite, le visage impassible.

À l'Assemblée nationale, au gouvernement, les Pierre Mendès France et les Simone Veil n'ont jamais été des « juifs en politique », chargés de drainer quelques suffrages pour leurs camps respectifs.

Ils étaient en charge des affaires de la France et, le moins que l'on puisse dire, c'est qu'ils ont l'un et l'autre, attaché leurs noms à des actions, à des lois et à des réformes qui servaient tous les Français et, surtout s'agissant de Simone Veil, toutes les Françaises.

Il y aura demain, il y a déjà des hommes politiques musulmans ou d'origine musulmane, de droite comme de gauche et il forceront notre respect, s'ils se conduisent, de la même manière, en défenseurs de l'intérêt général. Il n'y a pas, dans le système politique français, d'obstacle à l'intégration d'une catégorie de citoyens pratiquant telle ou telle religion. La pratique des cultes est libre, garantie par la Constitution, il n'y a aucun problème pour les musulmans, s'ils acceptent, comme les juifs de France l'ont accepté, le principe défini par Grégoire devant la Convention. « Tout en tant que citoyens, rien en tant que nation. » Dans la République le judaïsme français a vécu, s'est épanoui, même, sur cette base. Les musulmans doivent avoir tous les droits en tant que citoyens, le droit d'association, le droit de pratiquer le culte, mais il n'y a pas plus de place en France pour l'islam-nation que pour le judaïsme constitué en nation.

Cela signifie que pour permettre aux musulmans de vivre pleinement leur citoyenneté française, il faut affronter l'islamisme, sur le terrain où il s'est installé, dans les banlieues et les cités.

Mais si chaque parti se met à chercher son musulman, son maghrébin, parce qu'il en a besoin, dans la circonscription de Tourcoing, dans le canton de Vénissieux ou à la mairie de Montreuil-sur-Seine, on ne fera qu'encourager les dérives et, au passage, on donnera une légitimité politique à la voyoucratie des banlieues.

Beaucoup d'élus ont imaginé, il n'y a pas si longtemps, que la présence de religieux musulmans dans les banlieues jouerait un rôle équivalent à celui des patronages catholiques. Occuper les jeunes hors du temps scolaire, prévenir la délinquance : les plus laïques ont toujours su reconnaître l'utilité des curés dans les quartiers difficiles. Il est des religieux musulmans qui encouragent les jeunes à s'intégrer, à respecter les enseignants de l'école publique. Mais ce qui devrait être la règle est l'exception. Car, malheureusement, les écoles coraniques qui se sont installées dans les banlieues ne sont pas exactement des patronages.

La pression est montée depuis le milieu des années quatre-vingt, elle s'est exercée, d'abord, sur des jeunes filles que l'on contraignait à porter le voile et que l'on utilisait pour défier la laïcité et l'intégration. Une certaine gauche pensait alors qu'il fallait les défendre, au nom du droit à la différence, parfois baptisé « nouvelle laïcité ». Rares étaient ceux qui comprenaient alors qu'une certaine pratique de l'islam n'incite pas les jeunes à respecter les lois, mais qu'elle les encourage, au contraire à les défier. Le premier combat des obscurantistes a ainsi été relayé par une partie de la gauche française. C'était une faute, et j'avoue que lorsque le premier scandale du foulard a éclaté, tout en étant hostile au signe religieux arboré à l'école, il me semblait que la violence des réactions de certains chefs d'établissement devait quelque chose au racisme. J'avais tort.

L'Éducation nationale a cédé devant le foulard quand il s'agissait, pour les islamistes, de combattre la tendance marquée des « beurettes » à s'appuyer sur la réussite scolaire pour s'émanciper de la tutelle des pères et des grands frères. Ou pour refuser les mariages forcés ! On a préféré défendre le droit à l'identité, plutôt que de soutenir celles qui ne demandent qu'à choisir leur destin en France. Ignore-t-on que, dans certaines familles musulmanes, le grand frère, en échec scolaire, un peu délinquant, remettra dans le droit chemin la petite sœur, brillante élève, pour peu qu'elle s'habille de manière par trop sexy ou fréquente un de ses camarades de classe ? En autorisant le foulard, on a rendu des adolescentes à l'autorité machiste des pères et des frères. Elles auront le droit de les servir à table et de se taire.

En jouant avec les formes extrêmes de l'islam, en cédant à leurs revendications, on a fait reculer l'intégration et l'émancipation des filles. Et l'on a longtemps refusé de voir monter cette culture du refus qui s'exprime, tantôt par la délinquance, tantôt par l'intégrisme, ce qui n'est pas toujours contradictoire. Certains responsables d'écoles coraniques ne sont pas contrariés lorsque des jeunes s'en prennent aux enseignants et à la police et même lorsqu'ils vivent d'une économie parallèle.

La ghettoïsation de l'immigration maghrébine a d'abord été une politique économique et sociale. On concentrait les plus pauvres dans les cités, dans les constructions les moins coûteuses, on les éloignait des quartiers résidentiels. C'était déjà scandaleux. Mais nous sommes passés de ces regroupements de fait à l'utilisation religieuse et politique de l'isolement des communautés maghrébines. Les organisations islamistes, souvent animées par des Algériens, parfois encadrées par des imams saoudiens, trouvent là un excellent terrain pour leur propagande.

Les jeunes en situation marginale sont les cibles privilégiées des islamistes. C'est en prison que Khaled Kelkal a été endoctriné, par des délinquants proclamés imams. Un témoignage paru dans *Le Monde* du 30 octobre 2001 montre que ce n'est pas un cas isolé. L'extrémisme islamisme s'organise dans les prisons et les banlieues.

On encourage la propagande extrémiste quand on soutient que Ben Laden et les taliban expriment, même de manière déformée, les revendications des peuples humiliés et exploités par les États-Unis. Et comment intégrer les jeunes en difficulté, quand l'image du petit Palestinien s'impose à eux comme le modèle, le héros moderne par excellence ? Parfois, la démagogie est pavée de bonnes intentions, on imagine qu'avec un peu de surenchère, en affichant un soutien résolu aux Palestiniens, en protestant bien fort contre une opération militaire en Afghanistan, on trouvera, enfin, un langage commun avec ses jeunes si difficiles à intégrer. Car si tous ces politiciens réagissent par humanisme et seulement pas humanisme, pourquoi ne parlent-ils jamais des Noirs du Soudan massacrés par le gouvernement islamiste de Khartoum ? Pourquoi sont-ils si peu nombreux à manifester leur solidarité avec les peuples victimes du fanatisme, avec les Algériens que l'on massacre, avec les femmes d'Iran et d'Afghanistan ? Il y a une pensée unique, un peuple unique : on parle vaguement des autres et l'on cherche à récupérer un peu de la popularité du peuple palestinien.

Et puis, il est plus facile de s'adresser aux jeunes des banlieues en faisant vibrer la solidarité avec les Palestiniens qu'en essayant de dessiner, pour eux, avec eux, un avenir qui ne serait pas fait de chômage et de galère. Il est des politiciens qui comprennent d'autant mieux les inclinations islamiques des « peuples pauvres », qu'elles arrivent à point pour masquer leur propre échec. Identifiez-vous à des causes lointaines et votez pour nous qui soutenons ces causes ! C'est tout de même plus simple que de créer des emplois, ou de combattre la dégradation de l'enseignement, même avec des zones franches et des zones d'éducation prioritaire. Le vocabulaire administratif est éloquent : il s'agit bien de zones ! Et l'on cherche le moyen de récupérer, politiquement, les phénomènes identitaires générés par le confinement dans la zone.

Certaines organisations ont pris la mesure de ce danger, Malek Bouthi, président de SOS-Racisme, mène un combat remarquable pour expliquer aux jeunes des cités que leur avenir est en France, qu'ils peuvent librement y pratiquer la religion de leur choix ou ne pas la pratiquer, mais qu'ils doivent refuser les idéologies de rupture. Il fallait, hier, expliquer aux Français que l'immigration était une chance pour la France, il faut aujourd'hui expliquer aux enfants d'immigrés que la France est une chance pour eux, que l'école n'est pas leur ennemi. Il faut les aider à rêver de diplômes, de réussite et d'intégration. Il faut s'adresser à eux en les traitant comme des Français qu'ils sont et refuser de les enfermer dans leur spécificité. Nous ne sommes pas en Algérie à l'époque coloniale, il n'y a pas de « population musulmane », il n'y a que des citoyens français disposant du droit de fréquenter la mosquée ou l'église, le temple ou la synagogue. Et ils ont aussi le droit de ne fréquenter aucun lieu de culte et de n'observer aucune règle religieuse.

Cependant, l'on cherche, dès maintenant, des musulmans de service pour porter les couleurs de l'un ou de l'autre, à la fin du ramadan.

La chasse aux voix arabo-musulmanes est ouverte. Potentiellement, il y en a plusieurs millions. On connaissait, depuis vingt ans, l'art d'engranger les voix par le racisme anti-arabe, art en lequel l'extrême droite ne fut pas la seule à briller, voici donc l'inverse, ou plutôt le miroir. Le racisme positif chassant le racisme négatif.

Au mieux, on promettra des mosquées et des subventions pour les associations. Au pire, on se découvrira une passion pour la Palestine ou pour les Afghans injustement frappés par les Américains.

Cette démagogie ne servira pas les populations issues de l'immigration, elle les maintiendra dans une situation marginale.

Il est temps d'appeler un chat un chat. De dire à Pascal Boniface et à l'amie que j'évoquais au début de ce livre que je n'ai pas milité contre le racisme et pour l'intégration des immigrés, pour que de petits voyous des banlieues aillent brûler les synagogues et les écoles juives, ni pour que des démagogues les entraînent dans des manifestations douteuses, en essayant de récupérer leur bulletin de vote à la sortie.

Par deux fois, lors de la reprise des affrontements dans les territoires palestiniens et lors de la visite d'Ariel Sharon à Paris, des hommes politiques Français, exerçant des responsabilités dans les partis de la majorité, ont pris la tête de manifestations où l'on scandait des slogans racistes. Ces hommes politiques ont bien désavoué ces slogans, comme certains États désavouent le terrorisme qu'ils financent. Les cris venaient de petits groupes, c'est vrai. Mais tout de même, on a entendu des slogans antijuifs, non pas anti-israéliens, mais antijuifs. On me dira que je suis un peu chatouilleux sur ce point, mais personne n'avait crié « mort aux juifs » à Paris, depuis le

25 août 1944. On en avait peut-être rêvé à l'extrême droite, mais on n'avait pas osé.

Même s'ils n'étaient que cent, dix, même s'il n'y en avait qu'un seul, ce serait trop. Or, des dirigeants politiques marchaient en tête du cortège. Il serait trop facile de dégager la responsabilité des organisateurs, comme d'ailleurs pour cet autre défilé, contre le Pacs, où l'on criait les « pédés au bûcher ». Philippe de Villiers et Christine Boutin savaient qu'ils jouaient avec les pulsions homophobes, Robert Hue et Noël Mamère ne pouvaient ignorer qu'ils manipulaient les sentiments anti-juifs des Beurs, lesquels viennent réveiller un antisémitisme populaire qui n'a jamais totalement disparu.

C'est une chose que de s'opposer à la politique d'Israël, c'est bien évidemment un droit en démocratie. Mais en l'espèce, connaissant mieux que quiconque les raisonnements et les calculs électoraux de ces partis, j'ai toutes les raisons de craindre un glissement vers l'usage électoral de la solidarité envers les Palestiniens, au prix de quelques dérives, mais pour quelques sièges de plus.

En cherchant à récupérer l'identification islamiste, on la conforte. Aucun gouvernement, aucun ministre de l'Intérieur, n'étant parvenu à instituer avec l'Islam les rapports que la République entretient avec les autres cultes, on cherche à composer avec ce qui existe. On donne donc des gages politiques. Qu'importe si l'on enfonce les jeunes des banlieues dans la marginalité ! On feindra d'ignorer les signes les plus inquiétants, les divers incidents qui se sont produits depuis l'automne 2000.

L'incendie d'une école juive à Marseille n'a pas suscité la même réprobation que la profanation du cimetière juif de Carpentras. Le symbole est moins fort, l'image plus banale. L'acte n'a pas la même origine. On peut compter sur nos bons esprits de gauche pour alerter l'opinion face à une manifestation de l'antisémitisme d'extrême droite. Ils seront toujours là pour crier « Le fascisme ne passera pas », et ils auront parfois raison. L'idéal serait de faire passer tout attentat antisémite pour l'œuvre des « fascistes ». Ce n'était pas le cas de celui qui visait la synagogue de la rue Copernic à Paris, en 1980, on a manifesté, alors, contre des nazillons fantômes, quand il s'agissait d'un réseau lié au terrorisme arabe. Heureusement pour nos consciences, il s'est bien trouvé, quelques années plus tard, des militants d'extrême droite pour profaner un cimetière juif.

Le scandale de Carpentras s'affichait à la première page de *Libération* et du *Monde*. L'incendie d'une école juive à Marseille vaut onze lignes dans *Libération*, un peu plus dans les jours qui suivent. Contre la profanation de Carpentras, il y a eu deux manifestations nationales : sur place où Pierre Joxe, ministre de l'Intérieur, s'était déplacé, à Paris, où l'Assemblée nationale a interrompu sa séance pour rejoindre le défilé.

On ne manifeste pas quand une école juive brûle à Marseille. Le fait n'est pourtant pas moins grave, mais cette fois, la haine du juif s'appuie sur des idées assez bien partagées. Elle témoigne d'un phénomène que l'on ne veut pas voir. Elle est, d'une certaine façon, plus inquiétante. L'antisémitisme fasciste est un scandale et une ignominie, l'antijudaïsme islamique n'est que la dérive regrettable d'une juste cause. Il faut donc en minimiser l'importance. Nos braves antifascistes ont toujours évité de s'interroger sur les liens de l'un et de l'autre. Or les pays qui soutiennent directement le terrorisme palestinien soutiennent aussi la propagande négationniste de l'extrême droite. Base arrière du Jihad et du Hezbollah, la Syrie a également fourni les nazillons européens en brochures révisionnistes. Les faussaires de l'histoire, de Faurisson à Garaudy, se sont toujours définis comme des antisionistes, tout comme les tendances clairement antisémites de l'extrême droite, à l'intérieur et à l'extérieur des deux partis officiels.

L'acte criminel de Marseille est sans doute l'œuvre d'un groupe isolé. La profanation de Carpentras aussi : ses auteurs venaient bien de l'extrême droite, mais ils n'obéissaient pas à la directive d'un parti. L'émotion était forte, parce que l'incident semblait témoigner des risques liés à l'émergence d'une force politique. L'incendie de Marseille, les slogans lancés dans une manifestation politique témoignent, aussi, d'un danger qu'il serait absurde de négliger. On ne peut ignorer que, dans les banlieues, des jeunes applaudissent à tout attentat visant les juifs. On peut d'autant moins l'ignorer que les groupes terroristes ont recruté en France, ce qui signifie, tout simplement, qu'il y a des recruteurs.

Nous ne sommes certes pas en présence d'une flambée de l'islamisme et, fort heureusement, ce n'est pas un courant dominant parmi les jeunes issus de l'immigration. Mais il y a bien une poussée, un mouvement. L'islamisme s'est installé, il sait s'imposer et il est conforté par les propos et les pratiques de tous ceux qui, d'une manière ou d'une autre, jouent la récupération.

En suggérant à des jeunes en difficulté de s'identifier à une cause lointaine, en légitimant, devant eux, une prétendue lutte des pauvres, peu ou prou incarnée par l'islamisme, on renforce ce qui est, pour l'instant, un courant minoritaire.

Ceux qui ont lutté contre le racisme qui visait l'immigration maghrébine doivent aujourd'hui songer à combattre le racisme qui s'affirme au sein des communautés issues de l'immigration.

Je me sens en droit de demander, aux amis que je compte dans ces communautés, qui parfois m'interpellent à propos d'Israël, s'ils sont déterminés à combattre l'antisémitisme de la même manière que nous avons, ensemble, affronté la xénophobie et le racisme anti-arabes. Nous avions tous affirmé, alors, que nos différences étaient autant de richesses, que nous étions heureux de vivre ensemble, dans un pays dont nous partageons les valeurs.

Je le pense toujours, il me plaît de vivre dans une capitale qui comporte à la fois un Musée d'art et d'histoire du judaïsme et un Institut du monde arabe, mais j'ai la désagréable impression de voir le ressentiment anti-juif plus souvent conforté que combattu. Je crains fort que certaines passions antisionistes des hommes politiques et des intellectuels ne trouvent un terrain un peu trop favorable dans une partie de la société.

On appellera cela comme l'on voudra : antijudaïsme, antisionisme, on jouera avec les mots au prétexte qu'une partie de la population contaminée serait elle-même « sémite », mais en vérité nous sommes bien en présence d'un mouvement antisémite. Ce nouvel antisémitisme est fort de ne pas être combattu par les antifascistes traditionnels. Et comment combattraient-ils l'antisémitisme, ces « antifascistes » qui pensent, eux aussi, que le sionisme et Israël sont les génies du mal ?

Entre idéologie et calcul politicien, les défenses ont été bousculées et une bonne partie de la gauche joue désormais avec « le socialisme des imbéciles ». D'une démagogie, l'autre : on a déjà vu, à gauche, il n'y a pas si longtemps, des élus, des maires, qui refusaient d'affronter le racisme antimaghrébin, par peur de se couper d'un électorat populaire sensible aux thèmes de l'extrême droite. Et l'on a vu, aussi, un parti, le PCF, des maires communistes, dont Robert Hue à Montigny-les-Cormeilles, qui jouaient avec le racisme pour essayer de récupérer cet électorat qui commençait à fondre. Maintenant que les « beurs » ont grandi, qu'ils ont atteint l'âge de voter, les politiciens qui cherchaient à les isoler, qui les ont isolés dans les cités, tentent de les récupérer, en utilisant un langage spécifique, une identification à la cause arabe.

La Palestine devient un fonds de commerce électoral. On feint d'ignorer l'antisémitisme, on se persuade qu'il ne s'agit que d'un antisionisme, un peu virulent, mais assez peu distinct des dogmes de gauche et d'extrême gauche.

Plus on confortera cet antisionisme, plus on creusera le fossé entre les jeunes des banlieues et la société française. Sans doute n'est-ce pas la première préoccupation de ceux qui tiennent les cités pour des chasses gardées, des réserves de gibier électoral.

9

Notre guerre préférée

Il doit être possible de reconnaître à la plupart des auteurs de lettres aux juifs le bénéfice de la bonne foi. Le conflit israélo-palestinien dérange plus que tout autre. Sa durée défie l'entendement. On est donc tenté de s'adresser aux juifs, sachant qu'ils se sentent concernés, parce que cette guerre s'impose quotidiennement à tous. Il y en a bien d'autres, mais nous n'y sommes pas conviés chaque soir. Nous les découvrons, avec effarement, au détour d'un reportage, mais on ne s'attache pas aux personnages d'un téléfilm comme à ceux d'un feuilleton ou d'une série.

La guerre d'Israël est une guerre de proximité pour la planète entière. Il est des événements que l'on perd de vue lorsque l'on voyage, mais celui-ci nous suit partout. Même dans les pays qui connaissent eux-mêmes des troubles, les télévisions ne ratent jamais un épisode de la guerre vedette.

Le conflit israélo-palestinien est, certes, le plus ancien

du monde. Du moins le sera-t-il, si la Grande-Bretagne parvient à établir une véritable paix en Irlande du Nord. Mais la singularité de la guerre d'Israël et de la Palestine, c'est que nous en connaissons chaque moment, chaque combat. Nous sommes tenus informés de toute manifestation palestinienne, nous connaissons le nombre des victimes de chaque attentat et de chaque opération de représailles. En bien des cas, nous pouvons suivre la guerre en direct, nous voyons les chars bouger, nous entendons les rafales des fusils-mitrailleurs. Nous assistons aux enterrements, des deux côtés, on nous donne le spectacle de la douleur des familles.

Le Proche-Orient hante l'actualité mondiale, tant et si bien qu'une idée parfaitement extravagante s'impose à tous. Il suffirait, croit-on, de régler la question palestinienne pour que disparaissent aussitôt le terrorisme et, pourquoi pas, toutes les tensions internationales.

Comme l'on tient Israël pour seul responsable du conflit, on mesure la gravité de sa faute et, partant, de la nôtre. Les États-Unis et l'Europe seraient donc fragilisés, exposés au terrorisme, contraints de s'engager en Afghanistan ou ailleurs, parce que les électeurs israéliens ont confié le gouvernement à Ariel Sharon ?

Cette idée, assez largement partagée, est finalement absurde. Israël et les territoires palestiniens ne forment qu'un confetti sur la carte du monde. Il n'y a pas, sur cette petite terre, d'enjeu économique majeur. Les événements qui s'y déroulent ne sont pas plus sanglants que les vingt-cinq ou trente guerres oubliées qui perdurent, un peu partout, sur les cinq continents. En Indonésie, au Timor, en Birmanie, en Angola, au Liberia, en Colombie, en Tchétchénie, des conflits s'éternisent, des armées se sont installées dans la durée. Il ne viendrait à l'esprit de personne d'affirmer que l'équilibre planétaire dépend de la satisfaction des revendications du Timor oriental. Il est même des pays totalement oubliés, comme le Tibet, où la Chine poursuit inexorablement une politique de colonisation, avec l'objectif de rendre le peuple tibétain minoritaire. Toutes les puissances ont amélioré leurs relations avec la Chine, développé leurs échanges commerciaux, sans jamais demander, en retour, que le peuple tibétain soit rétabli dans ses droits légitimes.

On imagine, en revanche, que les relations de l'Europe et des États-Unis avec le monde arabo-musulman, voire même avec l'ensemble des pays pauvres, connaîtront une embellie, quand les revendications du peuple palestinien seront satisfaites. On affirme, le plus sérieusement du monde, que l'islamisme radical s'effondrera de lui-même dès lors que son abcès de fixation disparaîtra !

L'histoire récente a pourtant prouvé que les avancées de la paix au Proche-Orient ne désarmaient pas le terrorisme. Les attentats se sont multipliés, dans le monde entier, après les accords Begin-Sadate. En Égypte, la poussée islamiste a répondu à la paix. La première grande révolution obscurantiste, celle d'Iran, est contemporaine du processus de paix entre Israël et l'Égypte. Au long des négociations qui ont conduit à la reconnaissance de l'OLP par Israël et aux accords d'Oslo, nous avons assisté au développement du mouvement des taliban en Afghanistan, la radicalisation des musulmans au Pakistan, en Inde et en Indonésie, à la montée en puissance du FIS en Algérie, puis aux massacres perpétrés par les GIA.

Après Oslo, après l'installation de l'Autorité dans les territoires autonomes, les trois organisations islamistes palestiniennes se sont structurées, menaçant le pouvoir de Yasser Arafat. Elles ont développé leur influence sur la population des territoires, en dénonçant le compromis accepté par l'OLP, c'est-à-dire la reconnaissance d'Israël et le partage de la Palestine. En tout état de cause, le processus de paix n'a pas enrayé la progression de l'islamisme dans le reste du monde. Les taliban se sont emparés de Kaboul et ont instauré leur dictature pendant ce processus.

Il est absolument légitime de demander à Israël de répondre par la raison à l'irrationnel. Mais la raison n'est pas communicative. Ehud Barak a mis fin à l'occupation du Sud-Liban, geste on ne peut plus raisonnable, puisque la présence israélienne ne faisait que renforcer l'audience et la puissance du Hezbollah. Mais le Hezbollah n'a pas disparu pour autant, il n'a pas désarmé et sa présence à proximité des frontières de la Galilée constitue, pour Israël, une menace permanente. La Syrie, devenue seul maître du Liban après le retrait de Tsahal, n'a pas répondu au geste de paix de Barak. Elle abrite officiellement les islamistes palestiniens, elle leur fournit des armes et un soutien logistique. Bachar Al Assad refuse toute négociation et se borne à exiger la restitution du Golan, sans offrir la moindre garantie en échange. Sans reconnaissance, sans traité de paix, le Golan serait, de nouveau, une position de tir permanente pour l'artillerie syrienne.

Les erreurs politiques des gouvernements d'Israël ont, certes, été nombreuses. Le système politique israélien permet à n'importe quel groupuscule de peser sur les majorités, la Knesset étant élue au scrutin proportionnel intégral. Ce système multiplie les partis et les factions, il paralyse les majorités et donne un pouvoir extravagant aux groupes de pression religieux. La paix est un combat dans les deux camps. Mais au moins y a-t-il, en Israël, un débat politique, qui permet d'identifier les partisans et les adversaires de la paix. Même si la ligne de partage entre les uns et les autres n'est pas exactement celle que l'on imagine en France. Il y a des religieux pacifistes et des fanatiques qui ressemblent, à s'y méprendre, aux islamistes. Mais le clivage traverse aussi les partis laïques. Les uns ont substitué la mystique de la force à la religion et les autres tentent de faire triompher la raison face à ceux qui sacralisent le moindre caillou de la terre d'Israël.

Du point de vue de la raison, les conditions de la paix sont simples. Plus simples qu'elles ne l'étaient, en Europe, avant les deux cataclysmes qui ont dessiné nos frontières ! Mais, depuis l'Europe et, surtout, depuis la France, on regarde le Proche-Orient avec une incroyable amnésie, on commente du haut de notre stabilité et de nos frontières reconnues. On oublie qu'il a fallu trois guerres pour que disparaisse tout différent territorial entre la France et l'Allemagne, qu'après toute l'horreur de 1914, les vainqueurs ont dessiné une carte de l'Europe qui a provoqué un nouveau désastre. On oublie aussi que la question des frontières n'est pas définitivement résolue dans une partie de l'Europe. L'ancienne Yougoslavie a déjà connu plus de dix années de guerre et tous les foyers ne sont pas éteints.

En Europe, nous savons même que les peuples n'ont pas besoin de s'aimer pour vivre en paix. Les préjugés germanophobes demeurent en l'esprit des Français, ils expriment d'ailleurs une parfaite méconnaissance de l'Allemagne et une confusion entre la culture allemande et le nazisme. Cela n'a aucune espèce d'importance. L'Allemagne et la France vivent en paix et construisent l'Europe, c'est l'essentiel.

Même sur la terre biblique, la paix ne naîtra pas de l'amour mais de la raison. Il faudra bien s'habituer à vivre ensemble et, en dépit de la guerre, cette habitude est déjà installée. Les appels à la fraternité des fils d'Abraham sont sympathiques, on nous les sert régulièrement, cela fait partie du rituel des lettres adressées aux juifs et même, en certains cas, aux Arabes. Mais aucune paix n'a jamais été construite sur les sentiments.

Un jour, peut-être, les peuples pourront s'aimer. Mais s'il faut attendre que les Palestiniens aiment les juifs, la guerre durera encore longtemps. Ce qui importe, c'est de trouver un accord, un compromis acceptable par les deux belligérants.

Entre Israël et la Palestine, il s'agira moins de déterminer le contenu d'un accord de paix que de s'assurer la capacité de chacun à le faire respecter.

On peut toujours noircir du papier, écrire aux juifs, leur dire ce qu'il convient de faire et de ne pas faire ! En termes de frontières, de lignes de partage, le territoire des deux États est connu depuis longtemps. Même à Jérusalem, où deux villes coexistent et où, avec un peu de bonne volonté on peut imaginer des échanges de territoires pour prendre acte de la croissance de la ville juive sans léser les Palestiniens. Mais la raison s'arrête où la religion commence.

Le principe de l'Islam, c'est de s'ériger en continuateur des autres religions du livre. Les mosquées sont construites sur le Temple. La logique voudrait que l'ensemble forme le patrimoine commun des deux peuples, que la présence probable de vestiges sous la mosquée El Aqsa ne soit pas considérée comme une agression. Il faudra bien que l'Islam accepte qu'il n'est pas seul au monde et qu'il n'est pas seul à Jérusalem. Le christianisme a dû l'admettre, et il y a quelques siècles qu'on ne lève plus d'armées pour libérer le Saint-Sépulcre de la souillure des juifs et des musulmans.

La paix sera possible quand la politique sera plus forte que la religion.

Pour l'heure, si les dirigeants palestiniens avaient la volonté de négocier un accord sur les relations civiles et politiques des deux villes, Jérusalem et Al Qod, ils se heurteraient à leurs imams.

C'est d'autant plus absurde que la vie quotidienne sur les lieux saints des deux cultes a déjà imposé l'impossible. Chaque jour des juifs prient devant le Mur occidental du Temple, chaque jour des musulmans se rendent aux mosquées. Il y a eu des heurts, des poussées de fièvre, des provocations, mais ces affrontements ont toujours été limités, même quand les territoires étaient en ébullition. Les deux religions sont parvenues à cohabiter, les offices se tiennent parallèlement, en situation de guerre et d'occupation. On ne voit vraiment pas pourquoi ce serait impossible en temps de paix !

Et, surtout, que l'on ne nous dise pas que les provocations de quelques juifs ultra-orthodoxes sont à l'origine de la guerre des religions. Les partis religieux sont minoritaires en Israël. Ils ont pris du poids, de l'importance, trop d'importance, ils ont des députés à la Knesset, mais ils ne gouvernent pas. Au surplus, la tradition juive étant ce qu'elle est, ces mouvements sont divisés, chaque rabbin politisé a sa propre vision, sa propre interprétation du territoire juif dans les textes bibliques. Les religieux juifs se répartissent entre toutes les positions possibles. Les farouches hassidim de Naturae Karta sont hostiles à l'État d'Israël, ils soutiennent l'OLP : pour eux, tant que le Messie n'a pas ramené le peuple à Jérusalem, les juifs ne peuvent y venir que pour prier ! On trouve, à l'opposé, des fanatiques du grand Israël, rêvant du royaume de Salomon. Il y a aussi des religieux qui entendent imposer à Israël un strict respect des lois juives, qui rêvent d'interdire toute activité pendant le sabbat ou de séparer les hommes des femmes dans les autobus, mais qui refusent de porter les armes.

En tout état de cause, les synagogues les plus fréquentées sont celles qui pratiquent un culte compatible avec la vie moderne. Et les Israéliens ne sont pas tous, loin s'en faut, des fervents serviteurs de la religion ! Soixante-cinq pour cent des enfants fréquentent les écoles publiques plutôt que les écoles religieuses. Dans certains quartiers de Jérusalem, dans quelques colonies, on peut croire qu'Israël est un État religieux. Mais on aura une vision inverse, en se promenant, un jour de sabbat, à la belle saison, sur la plage de Tel-Aviv. Ou en écoutant les professeurs et les étudiants, dans les universités de Bershéva, de Tel-Aviv, de Haïfa et de Jérusalem. La société israélienne est diversifiée, contradictoire. La radicalisation de certains religieux s'oppose plus aux aspirations d'une jeunesse juive avide de modernité et de plaisirs qu'aux religieux qui prêchent de l'autre côté de Jérusalem.

Les Israéliens, dans leur grande majorité, n'ont que faire d'une guerre de religion. Ils voudraient seulement se trouver en sécurité lorsqu'ils font le marché à Jérusalem ou lorsqu'ils attendent un autobus à Haïfa. Les garçons et les filles tués dans une discothèque n'observaient pas vraiment les règles des religieux orthodoxes, lesquels feraient volontiers fermer ces établissements de débauche ! Et les terroristes n'ont pas vérifié la casherout de la pizzeria avant d'y déposer leur bombe.

On peut regretter que les Israéliens aient élu Ariel Sharon, mais ce n'était pas par fanatisme, ils n'exprimaient pas la volonté d'opposer le judaïsme à l'Islam, ils obéissaient à un réflexe de peur. Ce réflexe, nous le connaissons, en France, dans des villes dont les habitants ne sont exposés qu'à la petite délinquance, nous pouvons tout de même imaginer ce qu'il peut être, dans un pays qui subit le terrorisme, où des bombes peuvent exploser à tout moment, où un attentat suicide peut se produire à la sortie d'une école.

Les Israéliens ont droit à un peu plus de compréhension, de respect, eux qui affrontent chaque jour le danger, avec un sang-froid surprenant.

Le véritable obstacle à la paix réside dans le refus d'une reconnaissance réelle, totale, d'Israël. Les responsables politiques palestiniens s'en sont approchés, ils peuvent certainement aller au bout de cette démarche. Les chefs religieux musulmans ont toujours refusé cette reconnaissance. Ils préfèrent être les gardiens du troisième lieu saint de l'Islam dans une ville occupée militairement plutôt que d'admettre, de droit, une présence juive à côté d'eux. Ils veulent bien être des martyrs, subissant la force impie des juifs, ils ne supportent pas de coexister pacifiquement avec une religion qu'à leurs yeux le Coran annule. Ils sont encouragés, dans cette attitude, par la radicalisation de l'Islam et soutenus par les États islamiques.

Par le processus de paix, Rabin et Peres entendaient contourner la question religieuse. Sur la pelouse de la Maison-Blanche, le vieux guerrier d'Israël avait utilisé une référence biblique assez universelle et vague pour emporter l'adhésion de tous. Plutôt que d'interpréter la Bible ou le Coran pour répartir la propriété des vieilles pierres, Rabin y puisait une simple maxime, suggérant de passer du temps des combats à celui du travail. Cela semblait lumineux : en établissant l'Autorité palestinienne, en construisant de nouveaux rapports économiques, on pouvait espérer que l'amélioration de la situation des Palestiniens ferait tomber la fièvre religieuse. Shimon Peres avait clairement formulé son projet d'union économique, réunissant d'abord Israël, la Palestine et la Jordanie, pour fonder une dynamique nouvelle dans tout le Proche-Orient. Les anciens ennemis bâtissant ensemble un espace de paix, à partir d'intérêts économiques commun, cela s'était déjà vu, en Europe, autour du couple franco-allemand. Cette perspective s'est heurtée à l'indifférence, sinon à l'hostilité des monarchies pétrolières ainsi qu'à l'opposition radicale des islamistes.

Le fanatisme religieux a tué la paix. Dans sa version juive, il l'a tué, en Israël même, et pas seulement en assassinant Yitzhak Rabin : les colonies qui, dans le processus, perdaient leur intérêt stratégique, se sont trouvé d'autres justifications. L'histoire du XXe siècle avait partagé la terre à l'inverse des temps bibliques, installant Israël sur les territoires des Philistins, laissant aux Palestiniens la Judée et la Samarie. Dans une zone de libre-échange, de circulation des marchandises et des hommes, cela n'aurait strictement aucune importance. Les Allemands viennent en France pour y visiter les cathédrales gothiques, construites pour exaucer le vœu du kaiser Friedrich, ils n'ont plus besoin de revendiquer l'Alsace et la Moselle pour y retrouver leur histoire. Un marché commun du Proche-Orient rendrait dérisoires les problèmes de souveraineté sur des vestiges, même à Jérusalem. Mais le seul homme d'État de la région qui persiste à défendre ouvertement cette idée est Shimon Peres, lui qui ose affirmer que les nations modernes ne se définissent plus strictement par des territoires, mais par leur capacité de rayonnement économique et culturel.

C'est un défi à bien des idées reçues, mais la doctrine

de Shimon Peres revient à fonder la paix sur les exigences nées de la mondialisation. Ce qui suppose, à brève échéance, la création simultanée d'un État palestinien et d'une union économique du Proche-Orient. C'est bien ce que refuse l'Islam radical. Tout comme il s'oppose, par la violence, au développement de l'Égypte. Si demain la région est pacifiée, il sera plus difficile de déterminer une zone d'influence spécifiquement arabe ou musulmane et de jouer avec les inquiétudes de l'Occident au moment de fixer le prix du baril.

On ne cesse de nous répéter que l'islamisme radical naît de la guerre et de la pauvreté, il s'en nourrit, sans aucun doute, mais depuis plus de vingt ans, au Proche-Orient, c'est l'islamisme radical qui suscite la guerre et s'oppose à toutes les initiatives qui permettraient de sortir les Palestiniens et les autres peuples arabes de la pauvreté. Cela se voit au Liban comme en Palestine. Et la Syrie du Baas « laïque » entretient les islamistes radicaux, parce que la dictature corrompue de la famille Assad perdrait toute justification dans un véritable processus de paix.

Rabin espérait que la paix ferait tomber l'islamisme radical et qu'elle réduirait en même temps les formes extrémistes du judaïsme religieux. Ce miracle ne s'est pas produit. Il ne s'est pas produit parce que les États-Unis et l'Europe ont accepté le double jeu des théocraties féodales qui ont reconnu Israël tout en accentuant la pression religieuse et en finançant les organisations fanatiques. Les monarques arabes ne sont pas de simples marchands de pétrole, encore que les pétroliers texans soient aussi les fourriers de tous les mouvements réactionnaires américains. Ces monarques utilisent la religion pour justifier leur règne ! Pour être légitime sur les puits, il faut être gardien des lieux saints de l'Islam.

Il n'y aura pas de paix, tant que l'on acceptera ce double jeu. On tremble, on s'indigne, quand, aux États-Unis, certains parlent de « choc des civilisations ». Il y a bien un choc, non pas entre islam et judéo-christianisme, mais entre la modernité et l'archaïsme religieux. Les Temps Modernes ont commencé en Europe lorsque la Réforme a ébranlé la toute puissance de l'Église romaine. L'ère du progrès s'est ouverte quand la philosophie des Lumières a triomphé du fanatisme. Le combat progressiste d'aujourd'hui passe par la lutte contre l'islamisme radical.

Aucun accord de paix entre Israël et les Palestiniens ne pourra être viable si le terrorisme islamiste n'est pas éradiqué. Et l'on ne réduira pas le mouvement fanatique en sacrifiant la sécurité d'Israël. La définition de l'accord, pour Rabin et Peres n'a jamais été autre chose qu'un échange : les territoires, la souveraineté palestinienne et, en retour, la disparition de toute action armée, de tout attentat contre la population israélienne. Pour que cette paix soit possible, il faut contraindre les pays arabes et islamiques à désarmer, matériellement et idéologiquement, le terrorisme.

Le pacifisme incantatoire, bêlant disait-on, jadis, s'oppose à tout affrontement. Il ne connaît d'autres criminels que Tsahal en Palestine et l'aviation américaine en Afghanistan. Les méthodes, les choix stratégiques de Sharon comme de Bush sont bien évidemment discutables, les incursions dans les territoires palestiniens ou l'opération d'Afghanistan, ne constituent sans doute pas la réponse la mieux adaptée au terrorisme. Mais on ne peut faire l'économie de la guerre et de la violence.

L'angélisme ne sert à rien : les deux accords de paix du Proche-Orient ont été rendus possibles par la violence. Sadate a compris, après sa défaite de 1973, qu'il n'y avait pas d'issue militaire pour l'Égypte. Yasser Arafat a dû admettre, quand le peuple irakien payait pour Saddam Hussein, qu'aucune puissance arabe ne viendrait libérer le peuple palestinien. La guerre est une épouvante, mais malheureusement, Prévert se trompait, ce n'est pas toujours une connerie. La paix se gagne, aussi, par la force.

Elles sont indécentes, toutes ces lettres exhortant les juifs à céder, à faire pression sur les gouvernements d'Israël pour qu'ils acceptent la paix à n'importe quel prix.

Le peuple palestinien mérite, comme tous les autres, la justice, il doit avoir le droit de construire sa patrie dans l'indépendance et la paix. Mais le peuple d'Israël a aussi le droit de vivre, d'être reconnu et respecté pour ce qu'il est.

Il n'est plus supportable d'entendre parler d'Israël, comme si cet État n'était qu'un cadeau concédé aux juifs pour avoir tant souffert. Comme si les juifs devaient remercier la terre entière, parce que, en dépit de tout, ils vivent encore ! C'est qu'ils agiraient pour leur compte, ces juifs, maintenant que les États-Unis songent à se passer de leurs armes !

Il y a beaucoup d'impudence dans cette manière de s'adresser aux juifs, en leur donnant des leçons de morale, en leur rappelant tout ce que le monde démocratique a pu faire en leur faveur. Vous avez eu un État, tenez-vous tranquilles et faites ce que l'on vous demande ! Il est temps de retourner le compliment et d'évoquer ce que le monde démocratique doit à Israël.

En fait de cadeau, la reconnaissance d'Israël a sauvé de la honte les démocraties qui, après avoir vaincu le nazisme, refusaient leurs ports à ces bateaux de réfugiés juifs, rescapés des camps de la mort. À l'Onu, un diplomate avait alors justifié son vote par un mot étrange, affirmant que le monde civilisé avait une dette envers le peuple juif. Il fallait bien payer ce peuple d'usuriers !

Mais par la suite, quand la paix mondiale et la liberté des peuples se trouvaient menacées par l'hégémonisme soviétique, quand Brejnev pratiquait une politique de fuite en avant et imposait son influence au Proche-Orient, la détermination d'Israël s'est révélée fort utile.

Par ses victoires sur la version arabo-progressiste du totalitarisme, Israël a contribué à la défaite historique du bloc soviétique. Ce pays n'a pas été aidé par la force des intrigues de quelques juifs puissants, il a servi la démocratie lorsqu'il combattait pour sa survie. À moins de conserver quelque nostalgie de la guerre froide, de tenir l'effondrement de l'URSS pour une catastrophe, d'oublier que ce fut une libération pour les peuples d'Europe, on voudra bien reconnaître que les combattants d'Israël ont, aussi, servi le monde démocratique.

Certains donneurs de leçons gagneraient à faire montre d'un peu plus de pudeur. Ont-ils oublié, ont-ils jamais su, dans quelles conditions vivaient les juifs soviétiques, jusqu'au moment où Mikhaïl Gorbatchev leur a reconnu le droit d'émigrer en Israël ? Cet État que l'on charge de tous les maux est, aussi, celui qui doit intégrer un million de juifs venus de l'ancienne URSS.

Israël n'est plus seulement le refuge des rescapés de la Shoah, c'est aussi le pays qui accueille les exclus de toutes les révolutions manquées, celles qui se réclamaient du socialisme comme celles qui revendiquaient la libération nationale de pays où les juifs avaient vécu pendant des siècles, où ils devenaient indésirables, à l'heure de l'indépendance et de la purification ethnique. On peut toujours lui donner la leçon, lui apprendre comment l'on doit se conduire avec les Palestiniens, mais, avant, chacun gagnerait à regarder ce que sont devenus les révolutionnaires, les libérateurs qu'il soutenait hier. À considérer les noms, les qualités des pétitionnaires, on peut craindre que la pudeur ne soit pas de ce monde.

Aujourd'hui, alors que l'islamisme radical menace la liberté des peuples, s'attaque aux États-Unis et à l'Europe, la fermeté d'Israël n'est pas une menace mais une chance. Comme le totalitarisme d'hier, le fanatisme musulman trouve devant lui un adversaire résolu. Mais au lieu de soutenir cet adversaire du fanatisme, c'est lui que l'on rend responsable de tous les désordres planétaires.

Israël a bien des défauts, mais c'est une démocratie et la principale ligne de partage aujourd'hui n'oppose pas les riches à de prétendus pauvres fédérés par l'Islam radical. Elle oppose la démocratie, le progrès à l'obscurantisme. Qu'il faille transformer les rapports Nord-Sud ne change rien à cette affaire. La politique des pays riches, le dogme néo-libéral du FMI aggravent les inégalités. Mais les puissances islamiques ne s'opposent pas à cette politique, moins encore au néolibéralisme, elles en sont les bénéficiaires. Elles s'accommodent fort bien d'une division planétaire du travail, par lequel certains pays sont des réservoirs de matières premières, pour le grand bénéfice de leurs souverains ou de leurs dictateurs, tandis que les peuples connaissent la pauvreté, le chômage, l'émigration vers les pays industriels quand ils ne sont pas traités en piétaille de quelque aventure militaro-religieuse. Il y a bien un affrontement de l'opulence et de la pauvreté : il oppose, par exemple, le peuple d'Arabie Saoudite, qui compte dix-huit pour cent de chômeurs et des gens en dessous du seuil de pauvreté pendant que les souverains et leurs obligés accumulent des richesses fabuleuses !

Il se peut, d'ailleurs, que ces régimes sur lesquels les

États-Unis croient devoir s'appuyer connaissent, demain, des désordres terrifiants. Les théocraties féodales se comportent en apprentis sorciers de l'islamisme radical et elles peuvent être emportées par ce monstre qu'elles ont élevé.

La paix s'imposera, un jour ou l'autre, entre les peuples d'Israël et de Palestine. Mais cette paix ne dépend pas de la volonté des gouvernements d'Israël, ni même de celle de l'Autorité palestinienne. Le gouvernement d'Israël changera, il est passé plusieurs fois de droite à gauche et de gauche à droite, avec des périodes de coalition. Mais même si, demain, la gauche de la gauche, le Meretz, remportait les élections, ce qui personnellement me réjouirait, l'extrémisme islamiste ne disparaîtrait pas pour autant. Je peux imaginer qu'un Premier ministre, issu de cette vieille gauche israélienne, du sionisme socialiste et laïque, serait plus ouvert au dialogue qu'Ariel Sharon. Mais il trouverait, en face de lui, les mêmes adversaires, fanatiques, sourds à toute proposition de paix, et la même Autorité palestinienne, fragile, incertaine, craignant à tout moment d'être débordée par le Hamas. Au surplus, aucune force politique israélienne ne peut espérer faire la paix sans un large consensus, incluant la droite Likoud et une partie des religieux. Avec ou sans Sharon, en tant que personne, mais avec le courant politique incarné aujourd'hui par Ariel Sharon, comme hier par Menahem Begin et Yitzhak Shamir.

La paix du monde n'est pas entre les mains du gouvernement d'Israël. Au contraire, la paix sera possible, pour Israël, pour les Palestiniens, si les puissances américaine et européennes sont capables d'affronter l'islamisme, de le tenir en respect, par les moyens militaires, économiques et politiques. Quand les puissances pétrolières seront contraintes de couper les vivres aux terroristes et aux imams radicaux, tout sera de nouveau négociable. Et quand il en sera ainsi, les votes du peuple israélien n'obéiront plus à des réflexes sécuritaires.

Il nous faut espérer que ce temps viendra, avant l'ère messianique et, si possible, avant l'épuisement des ressources pétrolières du Moyen-Orient. En attendant, il ne sert à rien de demander aux juifs de se sacrifier pour soulager la conscience de l'Occident.

10

Veuillez agréer, messieurs,

La correspondance est un grand art mais, par les temps que nous vivons, il peut arriver qu'elle se charge de poison. Il en est un, particulièrement redoutable, qui renvoie chacun de nous à sa condition d'origine. Je me sens toujours cosmopolite, universaliste, par goût je séjourne plus souvent en Toscane que dans le Néguev, je suis plus familier de New York que de Jérusalem et, dans les rues de Tel-Aviv, je me plais à retrouver ce qui vient de Berlin et de Vienne. Mais il y a une manière d'interpeller les juifs, de traiter Israël en coupable, qui me renvoie à ce que je suis. Je n'y peux rien, j'ai vu le jour à Paris dans une famille juive. Des membres de cette famille sont partis vivre en Israël, c'était leur choix, pas le mien. Certains d'entre eux y ont exercé des responsabilités politiques et tous se sont trouvés, d'une manière ou d'une autre, en situation de combattre. Parce que je connais leur histoire, parce que je crois savoir deux ou trois choses de leur pays, je ne supporte plus cette manière de traiter Israël en coupable.

Tout juif se trouve placé en une étrange situation. Il ne peut être indifférent, ni même considérer l'État d'Israël comme n'importe quel autre État. Il ne le peut pas, parce qu'il est, qu'il le veuille ou non, sommé de s'expliquer et de se justifier. S'il a une activité publique, on lui demandera pourquoi il s'intéresse à n'importe quel peuple bafoué plutôt qu'au peuple palestinien. Et s'il n'a pas d'activité publique, il sera interpellé d'une autre manière, par l'image que les médias lui renvoient de lui-même, par les lettres « aux juifs » publiées dans les journaux et, aussi, par les questions, écrites ou orales, qu'on lui posera, à lui, parce que, tout de même, il se doit d'avoir un avis.

Je veux croire que si l'on nous écrit, c'est que l'on nous demande de répondre et j'ai donc tenté de le faire. Il reste que, depuis la relance de la crise du Proche-Orient à l'automne 2000 et, plus encore, depuis l'assassinat collectif des personnels du World Trade Center, les interpellations et commentaires se révèlent des plus inquiétants.

Une idée s'est ancrée dans l'opinion. L'idée d'une responsabilité juive, d'une faute commise par Israël qui serait à l'origine des principaux désordres du monde.

Nous voici donc, de nouveau, chargés de tous les péchés de la terre. L'antisémitisme a retrouvé sa justification historique. Il y a bien une faute des juifs, elle est quotidienne, visible chaque jour. Nous serions donc responsables, par Israël, de la monté de l'islamisme et tout ce qui effraie le monde occidental ne serait pas sans l'obstination de ce petit État !

C'est aussi absurde que les anciens préjugés, il n'y a pas plus de causalité du fanatisme à l'extérieur du monde islamique lui-même que de pied fourchu dissimulé dans nos chaussures. Mais ce nouveau préjugé est exprimé par les meilleurs esprits du temps.

Cela passera, sans doute, mais comme la lutte contre le fanatisme risque de prendre un peu de temps, nous ne pouvons nous satisfaire d'être armés de patience.

Les totalitarismes du XXe siècle avaient en commun l'antisémitisme. Celui qui s'affirme au début du XXIe siècle a beau se parer d'atours identitaires, se présenter comme l'expression des peuples oubliés, en l'espèce, il ne brille guère par l'originalité. L'islamisme radical est une idéologie de mort qui, comme toutes les autres, réveille l'antisémitisme.

Dans ces conditions, je veux bien entendre tous les reproches adressés à Israël et aux juifs en général. Encore que cela commence à ressembler à du rabâchage, pour ne pas dire du radotage. Mais il semble que les événements qui se dessinent devraient inciter à réviser quelques idées reçues.

Au cas où l'on ne s'en apercevrait pas, il n'y a pas une situation particulière qui, du Proche-Orient enflammerait la planète, il y a ce que Freud appelait, dans d'autres circonstances, « un malaise dans la civilisation ». Devant cette sorte de malaise, il est tout de même extravagant que l'on puisse réagir, comme au temps des grandes pestes, en accusant les juifs d'être responsables de ce qui survient.

CET OUVRAGE
A ÉTÉ ACHEVÉ D'IMPRIMER
SUR ROTO-PAGE
PAR L'IMPRIMERIE FLOCH À MAYENNE
EN JANVIER 2002

D. L. JANVIER 2002. N° D'IMP. 53187
ISBN. 2.7158.1389.9
935 473.7
Imprimé en France